Ralf Schmitt

30 Minuten

# Spontaneität

Die Deutsche Nationalbibliothek verzeichnet diese Publikation in der Deutschen Nationalbibliografie; detaillierte bibliografische Daten sind im Internet über http://dnb.d-nb.de abrufbar.

Umschlaggestaltung: die imprimatur, Hainburg
Umschlagkonzept: Martin Zech Design, Bremen
Autorenfoto: Marco Grundt, Hamburg
Lektorat: Eva Gößwein, Berlin
Satz: Zerosoft, Timisoara (Rumänien)
Druck und Verarbeitung: Salzland Druck, Staßfurt



Hinweis:
Das Buch ist sorgfältig erarbeitet worden. Dennoch erfolgen alle Angaben ohne Gewähr. Weder Autor noch Verlag können für eventuelle Nachteile oder Schäden, die aus den im Buch gemachten Hinweisen resultieren, eine Haftung übernehmen.

Printed in Germany

ISBN 978-3-86936-767-5

# In 30 Minuten wissen Sie mehr!

Dieses Buch ist so konzipiert, dass Sie in kurzer Zeit prägnante und fundierte Informationen aufnehmen können. Mithilfe eines Leitsystems werden Sie durch das Buch geführt. Es erlaubt Ihnen, innerhalb Ihres persönlichen Zeitkontingents (von 10 bis 30 Minuten) das Wesentliche zu erfassen.

### *Kurze Lesezeit*

In 30 Minuten können Sie das ganze Buch lesen. Wenn Sie weniger Zeit haben, lesen Sie gezielt nur die Stellen, die für Sie wichtige Informationen beinhalten.

- Alle wichtigen Informationen sind blau gedruckt.

- Schlüsselfragen mit Seitenverweisen zu Beginn eines jeden Kapitels erlauben eine schnelle Orientierung: Sie blättern direkt auf die Seite, die Ihre Wissenslücke schließt.

- *Zahlreiche Zusammenfassungen innerhalb der Kapitel erlauben das schnelle Querlesen.* 30

- Ein Fast Reader am Ende des Buches fasst alle wichtigen Aspekte zusammen.

- Ein Register erleichtert das Nachschlagen.

# Inhalt

# Vorwort

Hand aufs Herz: Starre Pläne und Prozessabläufe gehören langsam der Vergangenheit an. Das Zeitalter der Spontaneität ist in unserer Gesellschaft angebrochen. Es passiert einfach ständig so viel Unerwartetes und Unplanbares, das uns dazu zwingt, privat und geschäftlich unsere starre, traditionelle Haltung zu verändern. In Zeiten von Digitalisierung, Globalisierung und einer riesigen Angebotsvielfalt an Informationsmedien verändert sich unser Alltag manchmal bereits in Sekundenschnelle und wir müssen reagieren.
Spontaneität und Flexibilität gehören inzwischen zu den meistverwendeten Begriffen in Stellen- und Kontaktanzeigen. Die Praxis zeigt jedoch, dass es an der Umsetzung noch hapert. Im Privatleben gehört Spontaneität immer noch zu den größten Freizeitwünschen der Deutschen, und in der Wirtschaft wird ihr Mangel ständig beklagt. Schlechter, normierter Kundenservice, fehlende Entscheidungsspielräume, kein Platz für Kreativität und Verschlossenheit gegenüber Veränderungen sind nur einige der Probleme, von denen ich in der täglichen Zusammenarbeit mit Firmen immer wieder höre und die ich leider auch erlebe.
Viele haben anscheinend immer noch nicht verstanden, dass Spontaneität eine Tugend ist. Sie umfasst alle Lebensbereiche und bewahrt uns davor, in ungewohnten Situationen nicht mehr weiterzuwissen. Wer spontan ist, gilt außerdem als kreativer, gelassener und stress-

resistenter. Wir wären ja auch alle schon längst viel spontaner, wenn da nicht diese Angst wäre, den Schritt raus aus dem nur logischen Denken, rein ins Bauchgefühl, raus aus der eigenen Komfortzone und rein in die Unplanbarkeit zu machen.
Im vorliegenden Buch gebe ich Ihnen anhand von einfachen Übungen und zahlreichen Tipps Hilfestellungen, damit Sie diesen Schritt gehen können. Mit etwas Übung bringen Sie Kopf und Bauch in Einklang und lassen sich Stück für Stück weiter auf das Abenteuer Spontaneität ein. Sie genießen das Leben mit mehr Offenheit und legen Ihre Ängste schrittweise ab.

Viele erfolgreiche Momente mit mehr Spontaneität und Flexibilität wünscht Ihnen

*Ihr Ralf Schmitt*

30 MINUTEN

# 1. Die Suche nach Sicherheit

John Lennon hat einmal gesagt: „Leben ist das, was passiert, während wir eifrig dabei sind, andere Pläne zu machen.“ Trotzdem neigen wir dazu, unser Leben bis ins kleinste Detail durchzutakten. Wir lassen keinen Platz für Spielräume und blockieren unsere Kreativität mit Regeln, Regeln und noch mehr Regeln. Warum tun wir das? Weil wir nach Sicherheit streben und jeden unserer Schritte und am liebsten auch die von anderen Menschen unter Kontrolle haben wollen. Leider schaffen wir uns damit nur scheinbare Sicherheit. Denn Sicherheit ist reine Illusion. Wir streben danach, weil unser Alltag sich immer unsicherer anfühlt. Täglich nähren neue Horrormeldungen in den Medien unsere Ängste und wir klammern uns an alles, was uns ein Gefühl von Stabilität und Kontinuität schenkt, wie Routinen, Standards und Leitfäden. Doch Sicherheit existiert nur in unserer Vorstellung von einer perfekten Welt – einer Welt, in der es keine „Fehler“ gibt.

## 1.1 Das Leben ist ein Change-Prozess

**Szenario 1:** *Sie gehen morgens zur gleichen Zeit wie immer aus dem Haus, laufen auf dem gewohnten Weg zur Bahnhaltestelle und wissen genau, wann Sie im Büro ankommen werden. Doch über Nacht hat plötzlich jemand die Straße aufgerissen und Sie stehen vor einer Absperrung, die Sie nicht in Ihr perfektes Timing einkalkuliert haben. Ausgerechnet heute müssen Sie aber unbedingt besonders pünktlich sein. Das jährliche Mitarbeitergespräch mit dem Chef steht an.*

**Szenario 2:** *Heute haben Sie Ihren großen Auftritt vor der Chefetage eines potenziellen neuen Kunden, der Ihnen ein Projekt einbringen kann, das Ihre Firma viele Jahre beschäftigen wird. Das ist Ihre Chance auf finanzielle Sicherheit für eine lange Zeit. Sie sind bestens vorbereitet. Sie haben Ihre Präsentation mehrfach geübt, haben Studien gefunden, die all Ihre Thesen belegen, und witzige Videos zum Thema sorgen für eine gehörige Portion Humor, damit die Vorstellung rundum perfekt ist. Das Einzige, was Sie in Ihrem Tatendrang noch aufhalten kann, ist ein Stromausfall. Was passiert? Plötzlich gehen die Lichter aus und Sie sitzen ohne Computer, ohne Grafiken und sonstige audiovisuelle Untermalung da.*

**Szenario 3:** *Sie arbeiten als Model und sind endlich am Ziel Ihrer Träume, laufen auf der Fashion Week in London für einen renommierten Designer. Der hat Ihnen bedauerlicherweise 15 Zentimeter hohe Pumps angezogen* *und Sie in ein Kleid eingenäht, in dem Sie kaum einen Fuß vor den anderen setzen können. Sie machen zwei Schritte auf den Catwalk und knicken um. Während Sie so elegant wie möglich stürzen, reißt eine Seitennaht des sündhaft teuren Designer-Fummels.*

Vielleicht haben Sie noch nie eines dieser Szenarien erlebt. Aber unerwartete, ungünstige Situationen kennen Sie, und sehr peinlich war Ihnen sicherlich auch schon so manches, nicht wahr? In solchen Fällen ist klar: Schockstarre bringt Sie nicht weiter. Jetzt sind Spontaneität und Improvisationstalent gefragt. Also legen Sie los. Sie lernen, mit ungewohnten Situationen souveräner umzugehen – das könnte Ihr Startschuss in ein Leben voller aufregender, spontaner Abenteuer sein!

*Immer wieder erleben wir Situationen, die uns vor scheinbar unlösbare Probleme stellen. Wer diese Momente annimmt, anstatt sich von ihnen aus der Bahn werfen zu lassen, ist bereits den ersten Schritt auf dem Weg zu einem spontanen Leben gegangen.*

## 1.2 Was ist Spontaneität?

Rund um das Thema Spontaneität kreisen viele Begriffe, die ich Ihnen hier näher erklären, und zahlreiche Gerüchte, mit denen ich aufräumen möchte. Das fängt schon bei der Schreibweise an. Der Duden erlaubt zwei Möglichkeiten:

1. die altbewährte Spontaneität, die vom französischen Substantiv „spontanéité" abgeleitet wurde,
2. die jüngere Variante, also die Spontanität, die korrekt aus dem Adjektiv „spontan" und dem Suffix „-ität" gebildet wurde.

In Sachen Schreibweise bin ich altmodisch. Ich halte es lieber mit der traditionellen Plus-e-Variante. Sieht auch gleich viel eleganter aus, nicht wahr? Welche Schreibweise Sie verwenden, bleibt natürlich Ihnen überlassen. Was aber ist Spontaneität?

### *Die Basis von Improvisation*

Spontaneität ist die Basis von Improvisation, im Grunde die Wurzel, die uns das Improvisieren überhaupt erst möglich macht. Leider wird im deutschen Sprachgebrauch Improvisation oft mit Planlosigkeit oder schlechter Vorbereitung gleichgesetzt. Ich finde, damit tun wir der großartigen Fähigkeit des Improvisierens wirklich unrecht. Ja, auch Menschen, die schlecht vorbereitet sind, müssen improvisieren. Aber auch alle, die sich bis ins kleinste Detail scheinbar perfekt vorbereitet haben, stehen immer wieder vor dieser Herausforderung. Miles Davis, einer der größten Jazz-Improvisateure unserer Zeit, sagte: „Wenn du einen falschen Ton anschlägst, entscheidet der nächste Ton darüber, ob er gut oder schlecht war." Das heißt, wenn etwas schiefgeht, entscheidet Ihre spontane Reaktion darüber, wie gut oder schlecht Sie dieses Problem lösen. Kurz gesagt: Keine Panik! Wenn Sie einen kühlen Kopf bewahren und flexibel im Denken bleiben, schaffen Sie es ganz einfach wieder raus aus der Bredouille.

Ich möchte an dieser Stelle eine Lanze für die Improvisation brechen und behaupte, sie ist eine hohe Kunst, die wir alle erlernen sollten.

Kochen Sie gerne? Dann wissen Sie, dass die wunderbarsten Gerichte dann entstehen, wenn Sie mit den paar Zutaten, die Sie noch im Kühlschrank gefunden haben, etwas zaubern sollen. Spielen Sie Fußball? Dann wissen Sie, dass es manchmal trotz guter Strategie ganz schön eng werden kann. Dann ist schnelles Umschalten und Improvisationsbereitschaft gefragt. Zurzeit zeigt besonders der FC Bayern München immer wieder, wie kreativ eine Fußballmannschaft in schwierigen Situationen agieren kann. 0:2-Rückstand? Da machen die Münchener mal eben einen 4:2-Sieg draus, selbst in der Champions League.

**Schmittchens Five**

- Spontaneität ist die Wurzel von Improvisation.
- Spontaneität bewahrt vor Panik.
- Improvisation ist eine Kunst, keine Notlösung.
- Die kreativsten Ideen entstehen dann, wenn wir gezwungenermaßen neue Wege beschreiten.
- Mit Spontaneität und Mut zur Improvisation können wir uns aus brenzligen Situationen befreien.

### *Die Basis von Schlagfertigkeit*

Sie kennen das doch sicherlich auch, dass Ihnen die passende Entgegnung auf eine freche Ansage oder eine bösartige Spitze fehlt? Oder dass Sie plötzlich in einer peinlichen Situation stecken und einen schlagfertigen Kommentar bräuchten, um da rauszukommen, ohne Ihr Gesicht zu verlieren? 15 Minuten später fällt Ihnen dann die perfekte Antwort ein. Das ist dann aber genau 900 Sekunden zu spät. Sie ärgern sich regelmäßig darüber, aber ein guter Plan für mehr Schlagfertigkeit fehlt Ihnen bislang. Dafür würden Sie viel geben.

Zuerst die gute Nachricht: Sie können Schlagfertigkeit lernen. Mit ein paar auswendig gelernten Phrasen können Sie sich oft ganz schnell aus brenzligen Situationen retten. Mit ein bisschen Glück landen Sie sogar einen humoristischen Treffer. Doch es besteht immer die Gefahr, und das ist die schlechte Nachricht, dass es zu verbalen Gegenschlägen kommt. Damit ist aber im Endeffekt keinem gedient. Denn auch wer sich gut schlägt, riskiert ein blaues Auge. Meine Mutter würde jetzt sagen: „Bis einer heult." Damit hat sie leider gar nicht so unrecht. Häufig verlassen alle Verbal-Kämpfer am Ende frustriert und wütend das Schlachtfeld.

Viel besser wäre es, wenn Sie bei einer Verbalattacke zunächst einmal die Emotionalität herausnehmen. Ein Beispiel:

*Kommentiert jemand Ihren Vortrag mit lauten Schnarchgeräuschen, bedanken Sie sich doch dafür, dass er Sie darauf hingewiesen hat, dass Ihr Vortrag wenig unterhaltsam ist, und bitten Sie ihn um die Nummer seines Präsentationstrainers. Damit rechnet er sicher nicht. Sie haben ihm sofort den Zündstoff für weitere Attacken genommen.*

Wenn jemand Sie im Büroalltag angreift, kritisiert oder auf Ihre Kosten einen Witz reißt, lassen Sie sich am besten nicht provozieren. Sätze wie „Danke für den Tipp, ich denke darüber nach" oder „Was würden Sie mir denn empfehlen?" nehmen sofort die Schärfe aus dem Gespräch und Ihr Gegenüber in die Verantwortung. Wenn jemand sich in einer Angriffssituation im Ton vergreift, lenken Sie die Unterhaltung zurück auf die Erwachsenenebene, wo sie hingehört. Wenn das indirekt nicht möglich ist, sagen Sie ganz direkt: „Danke für Ihren emotionalen Beitrag, jetzt möchte ich aber gerne auf der Erwachsenenebene weiterdiskutieren." Wenn auch das nicht funktioniert, dann können Sie gerne auch mal selbst „fies" sein. Vielleicht passt ein blaues Auge ja ganz gut zu Ihrem Outfit.

**Schmittchens Five**

- Schlagfertigkeit hat immer auch etwas mit einem Schlagabtausch, also einem Wettbewerb zu tun, bei dem es meist nur einen oder gar keinen Gewinner gibt.
- Um sich aus unangenehmen Situationen zu manövrieren, ist ein verbaler Rückzug oft besser als ein offener Gegenangriff.
- Um die Schärfe aus einer Verbalattacke zu nehmen, lassen Sie sich nicht provozieren, sondern bringen Sie das Gespräch wieder auf die Erwachsenenebene.

- Die Fähigkeit, spontan die Emotionalität aus einer Angriffssituation zu nehmen, hilft dabei, den Konflikt elegant zu lösen.
- Wenn sich ein Schlagabtausch nicht vermeiden lässt, stellen Sie sicher, dass Ihre Garderobe zu einem blauen Auge passt.

### *Die Basis unseres Seins*

Spontaneität steckt in jedem von uns – ja, auch in Ihnen. Sie fängt bereits bei der Geburt an. Wussten Sie, dass der Termin einer Geburt um 37 Tage schwankt und trotzdem alles in Ordnung ist, sodass das Kind auf natürliche Art zur Welt kommen kann? Schon der erste Moment unseres Lebens lässt sich nicht perfekt planen, obwohl er ganz genau berechnet wird.

*Der Samen der Spontaneität steckt in uns allen. Wir müssen ihn nur keimen lassen. Dann ist Spontaneität die Basis dafür, improvisieren zu können und auch einmal schlagfertig zu sein, wenn es darauf ankommt.*

## 1.3 Welche Rolle spielt Spontaneität im Leben?

Sie waren also schon spontan. Von Anfang an. Und Sie werden ganz schnell feststellen, dass Sie trotz aller Pläne, an denen Sie sich entlanghangeln, und trotz aller

Regeln, an die Sie sich halten, auch heute noch eine Menge Ihrer ursprünglichen Spontaneität in sich tragen.

### *Ihr Spontaneitätsfilm*

**Take 1:** *Der Wecker klingelt wie immer um 7 Uhr früh, Sie räkeln sich und denken: „Gott sei Dank steht der Kaffee schon bereit, damit ich schnell meine Dosis Koffein bekomme." Sie stehen auf und ... Stopp! Hier halten wir den Film mal eben für unseren ersten* Spontaneitätsalarm *an. Haben Sie geplant, mit welchem Fuß Sie aus dem Bett steigen?*

**Take 2:** *Wie immer machen Sie sich morgens ein Müsli mit Obst – wegen der Ballaststoffe und der vielen Vitamine. Leider ist die Milch sauer.* Spontaneitätsalarm! *Sie entscheiden sich aus dem Bauch heraus, das Müsli heute mit Fruchtsaft zu essen, oder Sie verlassen Ihr Zuhause ohne Frühstück und kaufen sich in der Bäckerei an der Ecke ein Croissant. In jedem Fall haben Sie spontan reagiert.*

**Take 3:** *Sie gehen aus dem Haus und es läuft Ihnen ein Unbekannter über den Weg, der Sie trotz Ihres mürrischen Morgenmuffelgesichts freundlich anlächelt.* Spontaneitätsalarm! *Sie lächeln ganz ungeplant zurück. Sie können gar nicht anders.*

So geht das den ganzen Tag. Immer wieder handeln Sie spontan, ohne es wirklich zu bemerken. Die Erklärung dafür ist ganz einfach: Spontaneität heißt, dass wir aus uns selbst heraus handeln. Das tun wir alle. Auch Sie! Selbst wenn Sie sich für den unspontansten und unflexibelsten Menschen auf Erden halten. Sogar dann, wenn Sie der Typ sind, der bereits am Vorabend plant, wie, wann genau und aus welcher Tasse er seinen Kaffee trinken wird, kommen Sie nicht drum herum, spontan zu sein, und zwar viel öfter, als Sie denken. Das ist Fakt.

## *Mehr Spontaneität wagen*

Wenn Sie das akzeptiert haben, ist das bereits die beste Basis, um Ihren Abenteuertrip in ein spontaneres Leben zu beginnen. Unbewusst sind Sie bereits spontan. Entscheiden Sie sich jetzt bewusst dafür, diesen Weg weiterzugehen.

Keine Sorge, Sie müssen nicht Ihr ganzes Leben von heute auf morgen umkrempeln. Es reicht, wenn Sie sich fragen: „Wo kann ich in meinem Leben Spontaneität einbauen?"

Sie könnten zum Beispiel

- während eines Brainstormings mal Ihren Platz verlassen. Gehen Sie doch währenddessen auf und ab oder setzen Sie sich an eine andere Stelle im Raum. Oder verlagern Sie den Gedankenaustausch vor die Tür. Sie werden sehen, dass jede Platzänderung auch eine Veränderung Ihrer Perspektive nach sich zieht.
- eine Alternative zu Ihrem Stammrestaurant zum Abendessen kennenlernen. Trauen Sie sich, auch mal etwas Neues auszuprobieren. Gerade dann, wenn Sie die meisten Speisen auf der Karte nicht aussprechen können, eröffnen sich Ihnen vielleicht Geschmacks-

welten, die Sie bisher nicht einmal erahnten. Und das Schöne ist, dass Sie kaum ein Risiko eingehen. Was kann Ihnen denn schon passieren? Im schlimmsten Fall schmeckt's nicht und Sie haben gelernt, dass Sie das nächste Mal etwas anderes bestellen oder dieses Restaurant von nun an meiden sollten.

- einfach mal morgens links herum aus der Haustüre gehen, anstatt wie üblich rechts entlangzulaufen. Vielleicht treffen Sie auf dem neuen Weg Nachbarn, mit denen Sie sich lange nicht unterhalten haben. Vielleicht entdecken Sie ein neues Geschäft, das Ihnen auf Ihrem Standardweg entgangen wäre. Vielleicht finden Sie fünf Euro, von denen Sie sich ein Lottolos kaufen, das Sie zum Millionär macht.

### *Schluss mit dem Duckmäusertum*

Ein spontanes Abweichen vom üblichen Ablauf ist übrigens auch in Situationen sinnvoll, in denen Sie sich über die Aussage eines Gesprächspartners ärgern. Haben Sie bisher immer alles in sich hineingefressen und Ihren Frust hat in der Regel Ihr Partner nach Feierabend zu spüren bekommen, auch wenn er rein gar nichts dafür konnte? Dann versuchen Sie doch einmal, stattdessen sofort mit der Person zu sprechen, über die Sie sich ärgern.

„Spontan" heißt in diesem Fall jedoch nicht, dass Sie impulsiv und wütend auf Ihr Gegenüber losgehen. Ändern Sie vielmehr Ihren Blickwinkel und bewegen Sie sich aus der Duckmäuserposition heraus. Fragen Sie

genauer nach, was die Person zu ihrer Aussage bewogen hat, oder stellen Sie eine andere Frage, die Ihnen in diesem Moment in den Sinn kommt. Manchmal finden Sie dann ganz schnell heraus, wo das eigentliche Problem liegt und wie sich eine Lösung finden lässt.
Es kann einfach alles passieren, wenn Sie sich trauen, einmal Ihre gewohnten Pfade zu verlassen und hin und wieder vom Fahrplan, den Sie sich für Ihren Tag gemacht haben, abzuweichen.

### *Spontaneitätstraining*

Spontaneität ist erlernbar – und dafür müssen Sie noch nicht einmal etwas auswendig lernen, sondern nur regelmäßig trainieren. Fangen Sie doch einfach mal an und suchen Sie sich einen Tag in der Woche aus, an dem Sie ganz bewusst spontan sind und Ihre Routinen durchbrechen.
Stehen Sie beispielsweise einmal eine halbe Stunde früher auf und nutzen Sie diese Zeit für einen schönen Spaziergang, um neue Eindrücke zu gewinnen. Oder führen Sie ein Telefonat mit Ihrer Mutter. Sie ist wahrscheinlich die Einzige, die es Ihnen nicht übel nimmt, wenn Sie in aller Herrgottsfrühe anrufen. Vielleicht hat sie ja sogar einen guten Tipp für Ihren Spontaneitätstag.

**Schmittchens Five**

- Wir waren alle von Geburt an spontan und sind es auch heute viel öfter, als wir denken.
- Spontaneität heißt, aus sich selbst heraus zu handeln.

- Um spontaner zu werden, müssen wir nicht unser ganzes Leben umkrempeln, sondern nur unsere Routinen hin und wieder durchbrechen.
- Spontaneität lässt sich trainieren.
- Wichtig ist, sich ganz bewusst für mehr Spontaneität zu entscheiden.

*Wir sind von Geburt an spontan, müssen diese Fähigkeit jedoch im Laufe unseres Lebens immer weiter trainieren, wie einen Muskel. Dann rettet sie uns aus schwierigen Situationen, sorgt für mehr Souveränität und Selbstsicherheit und erleichtert und bereichert unser Leben immens.*

## 1.4 Stoppschilder und Warnhinweise

Bereits von Kindesbeinen an lernen wir, Stoppschilder ernst zu nehmen und Warnhinweise zu befolgen. Unsere Bewegungsfreiheit wird von Regeln und Vorsichtsmaßnahmen eingeschränkt. Was passiert? Wir gewöhnen uns daran. Während Stoppschilder im Verkehr sicherlich sinnvoll sind, bremsen sie im Alltag unsere Neugier und unseren Tatendrang. Auch im Berufsleben lähmen sie unsere Kreativität und Entscheidungsfreude.

Aber wer stellt diese Schilder eigentlich auf? Unter anderem natürlich unser Staat. Ich möchte an dieser Stelle allerdings nicht zur Revolution aufrufen und für totale Anarchie eintreten – an ein paar Regeln und Gesetze sollten Sie sich auch weiterhin halten. Wovon wir uns aber alle befreien können, sind all die anderen Stoppschilder, die uns die Gesellschaft, unser persönliches Umfeld und ganz besonders wir selbst aufbürden. Sätze wie „Das war schon immer so und deshalb soll es auch so bleiben" oder „Das kannst du doch nicht machen!" sind der Tod jeder Spontaneität. Wir sind oft so lange mit ihnen beschäftigt, dass wir uns selbst blockieren und Möglichkeiten, die sich uns bieten, einfach an uns vorbeiziehen.

Klar ist Spontaneität nicht der Heilsbringer in jeder Situation. Sie schützt uns nicht davor, dass etwas schiefläuft. Und wenn wir etwas an die Wand fahren, hinterlässt das Dellen im Metall. Wenn wir jemanden überrollen, dann ist schon mal eine Entschuldigung fällig. Aber hin und wieder oder auch immer öfter einmal ist es sinnvoll, zu sagen: „Reiß die Stoppschilder ein", oder auch: „Fuck the rules!"

## *Stoppschild 1: Ich kann das nicht!*

Ich weiß, Sie sind einfach nicht spontan und es fällt Ihnen unheimlich schwer, Entscheidungen zu treffen, ganz besonders dann, wenn die Folgen nicht absehbar sind und Herausforderungen einfach so aus dem Nichts auftauchen. Was fällt denen eigentlich ein? Das hatten Sie ganz anders geplant! Und überhaupt, Sie haben aus Erfahrung gelernt, dass Probleme aussitzen hin und wieder auch dazu führt, dass diese verschwinden. Warum also Entscheidungen treffen? Sie können das einfach nicht. Basta!

### Ich kann das doch!

Stellen Sie sich mal vor, wie unheimlich toll das Gefühl wäre, wenn Sie merken würden, dass Sie viel spontaner sind, als Sie es jemals für möglich gehalten haben. Wie konnte das denn nur passieren? Sie haben sich einfach mal getraut, den Sprung ins kalte Wasser zu riskieren, und dabei festgestellt, dass kaltes Wasser ganz weiche Haut macht und Sie sehr viel wacher durchs Leben gehen.

Plötzlich finden Sie neue Wege, die Ihnen früher gar nicht aufgefallen sind, weil es in der warmen Komfortzone so gemütlich war. Diese Wege führen Sie an Orte, an denen Sie noch nie zuvor gewesen sind, und zeigen Ihnen völlig neue Perspektiven.

## *Stoppschild 2: Ich will das nicht!*

Hand aufs Herz, wenn etwas auf den ersten Blick so aussieht, als ob es schwierig werden könnte, dann neigen wir dazu, es lieber gleich zu lassen. Es ist wohl einfach menschlich, den Weg des geringsten Widerstands zu gehen. Da werden wir auch schnell zum trotzigen Kind, das laut „Nein!“ schreit. Am besten ist doch, wenn alles so bleibt, wie es ist. Wenn sich was ändert, dann könnte es tatsächlich anstrengend werden. Es reicht doch, wenn die anderen sich ändern und spontaner werden. Ich hab für so etwas keine Zeit. Ich bleib einfach genau so, wie ich bin.

**Es macht aber total viel Spaß!**

Stellen Sie sich mal vor, dass sich viele Ihrer Probleme in Luft auflösen. Und zwar ganz plötzlich. Warum? Weil Sie sich verändert haben. Weil Sie ganz spontan festgestellt haben, dass es einfach sinnlos ist, ständig an allem krampfhaft festzuhalten. Denn hinter fast jedem Problem steckt die Herausforderung einer kreativen Lösung, die wir als positive Aufgabe wahrnehmen können.

In Brainstormings kommen Sie neuerdings auf die tollsten Ideen, weil Ihr Kopf frei ist von dem Zwang, unbedingt beim Altbewährten bleiben zu müssen. Sie lassen einfach Raum für Ideen, die auf den ersten Blick sagen wir mal „ungewöhnlich" erscheinen. Sie werden für Ihre Kreativität von anderen geschätzt und gelobt. Ihr Leben steckt voller Überraschungen und Sie lachen viel mehr. Aus einer griesgrämigen, unzufriedenen Katze ist ein fröhlicher Waschbär geworden, der das Leben genießt.

### *Stoppschild 3: Ich habe Angst davor, Fehler zu machen!*

Was uns am meisten davon abhält, spontan zu sein, ist die Angst vor Fehlern. Sie lähmt uns, und das heißt, sie macht uns praktisch zum Kaninchen, das starr vor

Schreck im Lichtkegel eines heranrasenden Autos verharrt, anstatt spontan und vor allem zügig zu verschwinden.
In unserer Kultur ist die Vorstellung offensichtlich tief verwurzelt, dass Fehler zu machen etwas Schlechtes ist. Und wer will schon ständig etwas Schlechtes machen und das dann auch noch unter die Nase gerieben bekommen? Nein, Sie wollen nicht spontan mal was Neues ausprobieren! Das Risiko eines Fehlers ist viel zu groß. Und was das alles nach sich ziehen kann! Am Ende verlieren Sie einen Freund oder einen Job, weil Sie so viel falsch machen. Also lieber genauso weitermachen wie bisher. Ist doch logisch! Das geht ja schließlich auch für das Kaninchen im Lichtkegel immer gut aus.

### Ich lerne mit jedem Fehler dazu!

Der Unternehmer Henry Ford ist bekannt dafür, dass er im Scheitern auch immer den Fortschritt gesehen hat. Eine sehr gesunde Einstellung, wie ich finde. Eines meiner Lieblingszitate von ihm lautet: „Wenn alles gegen dich zu sein scheint, dann erinnere dich, dass ein Flugzeug nur gegen den Wind abhebt und nicht mit dem Wind."
Sie sollten sich vor Augen führen, dass wir Fehler nicht vermeiden können, auch wenn wir immer dieselben oder gar keine Entscheidungen treffen, damit alles so bleibt, wie es ist. Wer denkt, dass er auf diese Art kein

Risiko eingeht, der vergisst, dass sich alles permanent verändert. Sicher können auch Sie sich an Situationen erinnern, in denen Sie trotz größter Anstrengungen, alles richtig zu machen, eben doch Fehler gemacht haben. So etwas passiert, daran können Sie nichts ändern. Was Sie verändern können, ist Ihre Haltung dazu. Mit jedem Fehler, den Sie machen, lernen Sie dazu. Wichtig ist nur, dass Sie aus Ihren Fehlern auch wirklich etwas lernen und nicht denselben Fehler immer und immer wieder machen. Hierzu hatte Oscar Wilde eine schlaue Meinung: „Der Profi macht nur neue Fehler. Der Dummkopf wiederholt seine Fehler. Der Faule und der Feige machen keine Fehler."

***Es gibt keine hundertprozentige Sicherheit. Deshalb ist Spontaneität wichtig. Sie kann eine große Hilfe im Berufsalltag und im Privatleben sein. Wir alle tragen sie von Geburt an in uns. Sie ist ganz individuell und kann je nach eigenem Gusto und den Lebensumständen eingesetzt werden.***

***Spontaneität unterstützt uns bei jeder Art von Veränderung und hilft uns, Entscheidungen zu treffen. Eine getroffene Entscheidung muss übrigens nicht für die Ewigkeit Bestand haben. Jede Entscheidung, wie spontan auch immer sie getroffen wurde, lässt sich ändern. Die Konsequenzen sind mehr oder weniger schwer, aber nichts ist unumstößlich.***

***Es lohnt sich, auch mal spontan Entscheidungen außerhalb von Normen und Regeln zu treffen. Besser wir stellen uns keine unnötigen Stoppschilder in den Weg und verabschieden uns von der Angst, Fehler zu machen.***

30 MINUTEN

Wie, wann und wo setze ich Spontaneität ein?

Seite 30

Was ist der innere Zensor und wie werde ich ihn los?

Seite 34

Wie reiße ich Mauern ein und baue Brücken?

Seite 36

# 2. Die Grundregeln der Spontaneität

Jetzt werden Sie sich sicherlich fragen: „Regeln? Ich dachte, ich soll alle Regeln vergessen und spontan sein?“ Stimmt! Doch um spontan zu sein, müssen Sie ein paar, nennen wir sie vielleicht besser „Ideen“ verinnerlichen. Spontaneität ist eine Entscheidung und eine Lebenseinstellung. Trotzdem sollten Sie vor lauter Spontaneitätsdrang nicht vergessen, dass Sie nicht allein auf der Welt sind und dass andere vielleicht gar nicht so begeistert von Ihrer neu gewonnenen Freiheit sind wie Sie. Vielleicht werfen sie Ihnen sogar vor, Sie würden die Kontrolle über Ihr Leben abgeben. Aber wie wir ja bereits gesehen haben, entzieht sich vieles sowieso jeder Kontrolle. Sie brauchen sich auch keine Sorgen zu machen, dass Sie von nun an Ihren Freunden, Kollegen und Angehörigen kein zuverlässiger Partner mehr sein können. Denn Sie haben es ja in der Hand, wie spontan Sie wann sind. Seien Sie gnädig mit sich selbst und mit Ihrem Umfeld. Auch bei Spontaneität gilt, dass es nichts bringt, mit dem Kopf durch die Wand zu wollen. Das endet mit einer fetten Beule.

## 2.1 Spontaneität wie, wann und wo?

Wäre es nicht ganz wunderbar, wenn es eine Uhr gäbe, die immer dann ordentlich Alarm schlüge, wenn es an der Zeit ist, spontan zu sein? Am besten wäre es doch, wenn dieser Zeitmesser sogar zusammen mit einem Kompass im Paket geliefert würde, der Ihnen genau die Richtung zeigen würde, in die Sie spontan gehen sollen. Die schlechte Nachricht ist: Ich kann Ihnen dieses Paket nicht schicken. Die gute Nachricht ist: Sie haben es bereits bei Ihrer Geburt zugestellt bekommen. Sie verfügen nämlich schon über einen guten Instinkt dafür, wie und wann Sie spontan sein sollten: Ihre Intuition. Für alles Weitere müssen Sie einen eigenen, ganz persönlichen Weg finden. So gehe ich mit Spontaneität um:

**Schmittchens Five:**

- Wann immer ich nicht in Sekundenschnelle entscheiden muss, überprüfe ich, ob Spontaneität der Situation guttun würde.
- Wenn ich meine Lage durch Spontaneität verbessern kann, dann handle ich aus dem Bauch heraus.
- Wenn mich Spontaneität in einer Situation schon einmal weitergebracht hat, setze ich sie in ähnlichen oder gleichen Situationen immer wieder ein. Das ist ein gutes Training.
- Meine Angst vor Spontaneität habe ich verloren, indem ich gelernt habe, dass es mehr Situationen gibt, in denen ich problemlos spontan sein kann, als ich gedacht hatte.

- Zugleich habe festgestellt, dass es viel weniger Situationen gibt, in denen ich unbedingt spontan sein *muss*, als ich befürchtet hatte. Ich mache mir also keinen Druck. Wir müssen nämlich nicht immer spontan sein – und schon gar nicht um jeden Preis.

So viel zum Wie und Wann der Spontaneität – bleibt die Frage nach dem Wo. Wir machen uns meist viel zu viele Gedanken darüber, wo wir spontan sein können. Zahlreiche Ausreden wie „Im Büro ist das gänzlich unmöglich, dafür haben wir viel zu viele Regeln“ oder „Ich bin schon seit 15 Jahren in meiner Beziehung, wie soll ich da noch spontan handeln?“ halten uns immer wieder davon ab und schüren die Angst vor der großen Unbekannten.

Tatsächlich gibt es Orte, an denen uns das intuitive Handeln leichter fällt als an anderen. Viele Firmen machen sich dieses Wissen bereits zunutze. Unternehmen, in denen es auf Ideenreichtum ankommt, schaffen bereits Umgebungen wie Lounges, Kreativräume oder hauseigene Fitness-Center, die zum Spontansein anregen und die Kreativität der Mitarbeiter fördern. Denn Spontaneität bedeutet immer auch Kreativität. Je spielerischer ein Ort gestaltet ist, desto leichter fällt es uns, das innere Kind rauszulassen, das noch nicht verlernt hat, spontan zu sein. Konzerne wie Bayer, Apple oder Google legen außerdem Wert darauf, dass auf der Agenda ihrer Mitarbeiter genügend Raum für Ideen vorgesehen ist. Wer von morgens bis abends bis zum

Hals in Arbeit steckt, kann einfach keine Schöpfungskraft entwickeln. Überlegen Sie mal, wo Sie die besten Ideen haben. Ich wette, Sie sind besonders im Urlaub, unter der Dusche oder bei einem Sonntagsspaziergang kreativ. Dabei haben Sie Muße und Sie fühlen sich wohl.

**30** *Setzen Sie in Sachen Spontaneität auf Ihre Navituition® – damit meine ich die gesunde Mischung aus Intuition, Bauchgefühl und Navigation, Ihrem Wissen, das Sie aufgrund von Erfahrungen gesammelt haben.*

## 2.2 Leben ohne Regeln?

Ich lehne mich wohl nicht zu weit aus dem Fenster, wenn ich behaupte, dass eine Gesellschaft ganz ohne Regeln nicht funktioniert. Oftmals fühlen wir uns sogar ganz hilflos, wenn uns niemand Regeln vorgibt. Warum? Weil Regeln uns eine gewisse Sicherheit geben. Ein gutes Beispiel dafür ist sicherlich der Straßenverkehr. Wie würden Sie sich fühlen, wenn Sie im dichten Verkehr nicht durch Regeln, Schilder und Ampeln geleitet würden?
Wichtig sind für mich jedoch zwei Aspekte: Zum einen müssen wir verinnerlichen, dass viele Regeln nicht gleichbedeutend mit mehr Sicherheit sind. Ich weiß, ich wiederhole mich, aber absolute Sicherheit gibt es nie! Zum anderen dürfen wir uns nicht von Regeln dominie-

ren lassen oder unsere Selbstbestimmung aufgeben. Eine Gesellschaft braucht aber zum Zusammenleben einen kleinsten gemeinsamen Nenner.
An dieser Stelle möchte ich Ihnen einen kleinen Einblick in mein Familienleben geben: Ich bin viel unterwegs. Wenn ich aber zu Hause bin, gibt es im Alltag Regeln, an die ich mich halte. Ich bringe dann zum Beispiel jeden Abend unsere Kinder ins Bett. Diese Regel ist natürlich nicht in Stein gemeißelt. Vielmehr ist sie eine Routine, über die sich meine Kinder freuen und die mich glücklich macht. Ich möchte, dass sich meine Familie auf mich verlassen kann.
Wenn ich also von Spontaneität spreche, dann meine ich damit nicht die totale Abkehr von Routinen und Regeln, sondern vielmehr einen Schritt in Richtung mehr Flexibilität und raus aus der eigenen Komfortzone. Schreiten Sie dann aktiv ein, wenn der Gedanke aufkommt: „Ach, das mache ich mal genauso wie immer. Dabei fühle ich mich wohl." Ich möchte gerne, dass Sie es wagen, ausgetretene Pfade nicht immer, aber immer öfter zu verlassen, ohne dabei in Panik zu geraten. Sonst enden Sie vielleicht irgendwann einmal als einer dieser Rentner, die vom Fenster aus beobachten, was unten auf der Straße los ist, und immer dann, wenn etwas außer der Reihe läuft, Sätze rufen wie: „Die Flasche dürfen Sie aber nicht in den Mülleimer werfen, die gehört ins Altglas!" Oder: „Das geht doch sicherlich auch ein wenig leiser, junge Dame!" Wenn's ganz schlecht läuft, sind Sie der Einzige in der Gegend, der bei jedem Straßenfest um Punkt 22

Uhr die Polizei wegen Ruhestörung ruft und sich damit überall unbeliebt macht. Möchten Sie nicht lieber derjenige sein, der sich vom Veranstalter für die eine Woche im Jahr einen Kurztrip nach Mallorca bezahlen und die anderen in Ruhe feiern lässt?
Nein, es ist nicht immer alles gut, wenn es genauso bleibt, wie es schon immer war, und früher war auch nicht alles besser. Es gibt Situationen und Momente, in denen es nicht nur wichtig, sondern unabdingbar ist, sich und seine Haltung zu verändern, auch wenn das zunächst einmal unbequem zu sein scheint.

30 *Spontaneität funktioniert in sozialen Gefügen nur innerhalb gewisser „Leitplanken". Solange wir nicht allein auf einer einsamen Insel gestrandet sind, müssen wir uns auch immer an ein paar Vorgaben, Konventionen und Regeln halten. Die Grenzen sind zwar dehnbar, doch Spontaneität glänzt dann ganz besonders, wenn sie das Add-on einer zuverlässigen Person ist.*

## 2.3 Die Begegnung mit dem inneren Zensor

*„Gestatten, mein Name ist ‚Innerer Zensor'. Wir sind uns schon häufig begegnet. Ich spiele eine wichtige Rolle in deinem Leben. Ich bin derjenige, der deinen Gedanken eine Stimme verleiht. In schwindelerregendem Tempo*

*liefere ich dir Argumente dafür, warum du etwas auf keinen Fall versuchen oder neu anfangen solltest. Ich bin stolz darauf, von mir behaupten zu können, dass ich der Hauptverhinderer deiner Spontaneität bin. Diese Auszeichnung habe ich mir redlich verdient.“*

Wer jetzt denkt „Was für ein sympathisches Kerlchen!“, der sollte dieses Buch noch mal ganz von vorne lesen. Allerdings möchte ich den inneren Zensor nicht nur schlechtmachen. Manchmal ist er kein Störenfried. Er schützt uns hin und wieder vor uns selbst und vor übertriebenem Tatendrang. Meistens blockiert er jedoch unsere Freiheit und schränkt uns in jeder Hinsicht ein. Über die Jahre hinweg haben wir ihn gefüttert mit Sätzen von Eltern, Lehrern, Chefs oder Partnern, die uns Grenzen setzen sollten. Wir waren viel zu unvorsichtig im Umgang mit ihm, sodass er sich inzwischen wohlgenährt bei uns eingenistet hat. Besonders gut ist er darin, unser Kopfkino immer mit demselben Film zu starten: „Was könnte bloß alles passieren, wenn ich mal spontan handle?“ Dann malen wir uns die schlimmsten ausweglosen Situationen aus, in die wir mit ungewohntem Handeln geraten könnten, wenn wir nicht ganz schnell wieder in unsere Komfortzone zurücktreten. Wie ein Ohrwurm dröhnt in unserem Kopf ein ständiges „Das darfst du nicht, das kann nur schiefgehen“. Man kann mit Fug und Recht sagen, der innere Zensor ist der böse Gegenspieler der Spontaneität. Und je schneller wir ihn hinter uns lassen, desto besser. So bringen Sie den inneren Zensor zum Schweigen:

**Schmittchens Five**

- Treten Sie mit dem inneren Zensor in den Dialog, um reale Gefahren und Zensur-Glaubenssätze auseinanderzuhalten.
- Fordern Sie von Ihrem inneren Zensor die Kontrolle über Ihre Entscheidungen zurück.
- Nutzen Sie den inneren Zensor, um mit gesundem Menschenverstand zu agieren.
- Üben Sie es, Situationen realistisch einzuschätzen, um in einer neuen Situation angemessen zu handeln.
- Geben Sie dem inneren Zensor nur den Raum, den er wirklich braucht, und lassen Sie nicht zu, dass er Ihr Abenteuer-Leben einschränkt.

*Der innere Zensor hat sich über viele Jahre hinweg in uns entwickelt. Er hält hartnäckig an allen Glaubenssätzen fest, die uns in unserer Spontaneität einschränken. Um ihn in den Griff zu bekommen, dürfen wir uns nicht von ihm blockieren lassen, sondern wir müssen unseren Blick für die reale Situation schärfen und unsere Entscheidungen selbstbestimmt treffen.*

## 2.4 Mauern einreißen und Brücken bauen

Wie oft stehen wir im Leben plötzlich vor einer riesigen Mauer, die unüberwindbar erscheint? Zu hoch, um darüberzuklettern, zu fest, um sich durchzugraben ... Also muss ein Plan B her, um das Hindernis doch noch zu überwinden. Höchste Zeit für Spontaneität!

### *Äußere Spontaneität*

Solche Momente sind die, in denen wir äußere Spontaneität benötigen. Das ist zum Beispiel dann der Fall, wenn jemand mit einem unerwarteten Anliegen auf Sie zukommt, sodass Sie in diesem Moment auf eine Situation reagieren müssen, mit der Sie nicht gerechnet haben. Lange Bedenkzeit? Fehlanzeige. Hier kann Spontaneität Ihnen helfen, Mauern einzureißen und den Schritt ins Unbekannte zu wagen.

### *Innere Spontaneität*

Von innerer Spontaneität sprechen wir, wenn Ihre Spontaneität aus der eigenen Kreativität heraus entsteht. Sie schaffen sich zum Beispiel selbst und ohne in eine ungewohnte Situation geraten zu sein oder unter Druck zu stehen neue Wege und Ziele. Sie bauen sich eine Brücke in ein spontanes Leben ohne lähmende Angst vor Veränderung. Hierbei kommt es meist zu der ein oder anderen kleinen Blessur, doch die nehmen Sie in Kauf, weil Sie sich viele neue Horizonte erschließen und Spannendes erleben.

### *So machen es Kinder*

Beobachten Sie einmal ein Baby oder Kleinkind dabei, wie es die Welt entdeckt, unabhängig von bestehenden Denkmustern und Regeln. Da wird alles, was nicht niet-

und nagelfest ist, bespielt, beklettert, in den Mund gesteckt, umgekippt, ausgeräumt oder durch die Gegend geschleudert. In jeder Sekunde entdeckt ein Wesen, das noch nicht durch Erziehung geprägt ist, seine ganz eigene Welt immer wieder neu. Manchmal tut's weh, manchmal macht es einfach nur Freude und manchmal tut es zuerst weh und macht dann Freude. Keiner ist neugieriger als die Kleinen, keiner wissensdurstiger. Und das Wunderbare dabei ist, dass sie permanent aus eigener Erfahrung lernen.

### *So läuft es bei Erwachsenen*

Wir Erwachsenen müssen, bevor wir wieder unbedarft handeln können, zunächst einmal zahlreiche Denkblockaden lockern und unsere festgezogenen Handbremsen lösen. Mit jedem Schritt, den wir gehen, verfallen wir in Denkmuster, die wir bereits verinnerlicht haben. Wir müssen uns bewusst dafür entscheiden, diese Muster zu durchbrechen. Entweder wir stehen an einer Wegkreuzung und entscheiden: „Ich hab's immer so gelöst, also gehe ich den bekannten Lösungsweg." Oder wir reißen unsere Denkmustermauer ein und ordnen die Schemata in unseren Köpfen neu, lassen aus einfachen Formen wunderbare Designs mit zahlreichen Ornamenten entstehen, die immer weiter wachsen.

**Schmittchens Five:**

- Wenn Sie einer Situation zum ersten Mal begegnen und mit bekannten Denkmustern nicht weiterkommen, reißen Sie diese Mauer ein und trauen Sie sich, neue Wege zu gehen.

- Falls Sie einer Situation zum 100. Mal begegnen und mal etwas Neues ausprobieren wollen, trauen Sie sich, diese Brücke in Richtung neuer Denkmuster und Ziele zu bauen.
- Mauern einreißen kostet Energie. Diese Energie bekommen Sie jedoch vielfach zurück, sobald Sie sich über den freien Blick auf Neues freuen.
- Wenn Sie Ihre Komfortzone verlassen, entdecken und erobern Sie neue und spannende Gebiete.
- Wer Mauern einreißt und Brücken baut, ist der Baumeister seines eigenen Abenteuers.

30

***Um entspannt mit Spontaneität umzugehen, müssen wir unsere Navituition®, also unsere Erfahrung gepaart mit unserem Bauchgefühl, einsetzen – Intuition als gefühltes Wissen, ohne dass wir dabei den gesunden Menschenverstand ausschalten.***

***Ein weiterer wichtiger Aspekt im Umgang mit Spontaneität ist der Raum für neue Blickwinkel. Wenn wir immer wieder aus einer anderen Perspektive auf Situationen schauen, ändern sich auch unsere Handlungen.***

***Wer dann noch seinen inneren Zensor in den Griff bekommt und die Bereitschaft zeigt, alte Denkmustermauern einzureißen und Brücken zu neuen Horizonten zu bauen, dem steht der Weg in ein zufriedenes und erlebnisreiches spontanes Leben offen.***

30 MINUTEN

**Wie schaffe ich es, Neins auszumerzen und immer öfter Ja zu sagen?**

**Seite 42**

**Wie wird mein Unternehmen zur Yes-Company?**

**Seite 50**

**Was ist die Steigerung des Ja-Sagens?**

**Seite 55**

# 3. Das Ja-sagen-Prinzip

Vielleicht haben Sie es bereits bemerkt: Das wichtigste Wort in Sachen Spontaneität ist „Ja". Ganz einfach, ein Konsonant, ein Vokal und keine Einschränkungen wie „aber" oder „wenn" hinterher. Einfach nur „Ja" oder „Jaaaa", und wenn Sie merken, dass es gut läuft, schicken Sie gerne noch ein Ausrufezeichen hinterher. Warum? Weil ein „Nein" bedeutet, dass alles so bleibt, wie es ist. Und über diesen Punkt sind Sie bereits hinaus, richtig? Sie haben keine Lust mehr, immer auf demselben Lieblingssofa zu sitzen, um denselben Film im Kopfkino zu schauen. Sie sind bereits ganz gespannt darauf, wie Ihr neuer Film wohl aussehen wird. Die Hauptdarsteller stehen bereits fest und der Trailer ist schon abgedreht. Von nun an wollen Sie überraschende Situationen mit Bravour meistern, selbst wenn man Ihnen vorher nicht Bescheid gesagt hat. Spontaneität ist ab sofort keine Bedrohung mehr für Sie, denn Sie nutzen die Chancen, die sich Ihnen bieten. Vielleicht nicht immer, aber auf alle Fälle immer öfter!

## 3.1 Ja sagen und versteckte Neins ausmerzen

Das Ja-sagen-Prinzip hat seinen Ursprung im Improvisationstheater. Seit 1993 bin ich in diesem Genre unterwegs und kann nur allen, die sich mit dem Thema Spontaneität auseinandersetzen, empfehlen, selbst einmal Impro-Theater zu spielen oder zumindest regelmäßig die Übungen der Impro-Schauspieler zu nutzen. Auf der Impro-Bühne entwickeln sich immer nur dann Geschichten, wenn die Akteure Ja sagen. Sie bauen Brücken für die anderen Spieler und geben ihnen die bestmögliche Grundlage, um das Stück weiterzuentwickeln. Jeder nimmt die Situation so an, wie sie gerade ist. Jedes Nein wäre an dieser Stelle ein Stoppschild, an dem keiner vorbeikommt. Mit jedem Ja übernehmen Sie die Verantwortung für eine Situation. Lassen Sie uns also gemeinsam ein wenig das Ja-Sagen üben. Vielen fällt das überraschend schwer. Doch Übung macht den Meister.

### *Übung 1*

Sagen Sie einfach einmal über einen längeren Zeitraum hinweg zu allem Ja. Am besten fangen Sie mit 30 Minuten an und lassen sich dann immer weiter treiben. Sie werden schnell feststellen, dass Ja sagen gar nicht so gefährlich ist, wie Sie bisher dachten. Im Gegenteil: So viel erlebt haben Sie schon lange nicht mehr.

**Was soll das?** Unser Kopf ist viel zu stark auf Nein sagen programmiert. Wir sind es gewohnt, vor Unbekanntem in eine Abwehrhaltung zu gehen. Mithilfe dieser Übung lassen Sie sich von antrainierten Neins nicht mehr steuern. Sie lernen, selbstbestimmt zu entscheiden und sich mit einem Ja auf diesen Moment einzulassen.

### *Übung 2*

Setzen Sie sich bei einem Impro-Theater-Stück in die erste Reihe und schauen Sie genau zu, wie die Damen und Herren auf der Bühne so vorgehen. Vielleicht werden Sie sogar in das Stück integriert. Keine Angst, sagen Sie auch dann einfach Ja.
**Was soll das?** Bei einem Impro-Theater-Stück weiß man vorher nie genau, was passiert. Dies ist eine gute Übung, um Ängste abzubauen und sich gleichzeitig auf neues Terrain zu begeben, ohne zu wissen, worauf man sich einlässt. Das Impro-Theater ist außerdem ein geschützter Raum. Falls Ihnen dabei etwas Peinliches passiert, wird es auf keinen Fall am nächsten Tag in der Zeitung stehen. Sie gehen zwar ein kleines Wagnis, aber kein wirkliches Risiko ein. Sie sagen Ja zum Unbekannten.

### *Übung 3*

In Ihrer Stadt gibt es leider keine Impro-Theater-Bühne? Dann seien Sie besonders spontan und gründen Sie eine. Vielleicht fangen Sie einfach mal mit einem Impro-Abend bei Ihnen zu Hause an, zu dem Sie nur ein paar

Freunde einladen. Für den Anfang reichen auch ein paar Übungen wie zum Beispiel die „Wortachterbahn". Dafür sprechen Sie einen Begriff, der Ihnen spontan einfällt, laut aus. Ihr Nachbar sagt ganz schnell, was er damit verbindet, und so weiter. Ein Beispiel: Sie sagen „Bauernhof", der Nächste sagt „Stall", der Nächste in der Reihe denkt an „Schaf" ... Wer weiß, wo Sie am Ende rauskommen. Zu Ende ist das Spiel erst, wenn Sie alle am Boden liegen vor Lachen und keinen Ton mehr herausbekommen, oder dann, wenn ein Mitspieler länger als 15 Sekunden braucht, um einen neuen Begriff zu finden.
**Was soll das?** Mit dieser Übung lernen Sie zu assoziieren. Sie verknüpfen bewusst oder unbewusst Begriffe, auch wenn die auf den ersten Blick vielleicht gar nicht zusammengehören. Das ist eine Basistechnik, um die eigene Spontaneität zu trainieren. Wir lernen dabei, aus einer Vielfalt von Ideen auszuwählen und Ja zu neuen Ideen zu sagen. Übrigens trainieren Sie dadurch auch Ihre Schlagfertigkeit und verkürzen Ihre Reaktionszeit bei einem verbalen Angriff.

### *Übung 4*

Bestellen Sie in einem Restaurant, in dem Sie vorher noch nie waren, das Gericht, dessen Nummer Ihrer Hausnummer, Ihrem Geburtsdatum oder der Reifengröße Ihres Fahrrads entspricht – und zwar ohne vorher in die Karte zu schauen. Wer weiß, vielleicht erwartet Sie ein echter Gaumenschmaus.

**Was soll das?** Schon wieder haben Sie Ja dazu gesagt, sich auf unbekanntes Terrain vorzuwagen, indem Sie sich ganz spontan auf ein kulinarisches Abenteuer eingelassen haben. Wenn Sie nicht gerade im Dschungelcamp gelandet sind, ist auch hier Ihr Risiko gering. Der Nutzen jedoch ist hoch. Sie werden sehen, dass Sie sich immer öfter trauen, Ja zu sagen. Außerdem sind Sie für etwaige Auslandsaufenthalte gut gewappnet, bei denen es vorkommen kann, dass Sie die Speisekarte gar nicht lesen können.

### *Übung 5*

Kaufen Sie einem Rosenverkäufer, der Ihnen sonst immer auf den Wecker geht und den Sie sonst immer wegschicken, eine Rose ab und schenken Sie sie einer wildfremden Person. Vielleicht finden Sie so einen Gesprächspartner für den Abend. Vielleicht ist das der Beginn einer wunderbaren Freundschaft. Vielleicht schenkt diese Person Ihnen einfach nur ein Lächeln. In jedem Fall haben Sie nichts zu verlieren, aber viel zu gewinnen.

**Was soll das?** Hier haben Sie sogar gleich zwei Fliegen mit einer Rose geschlagen. Zum einen haben Sie einen Menschen, dem Sie sonst immer ein Nein entgegenschmettern, ein freundliches Ja zugerufen. Zum anderen haben Sie es gewagt, mit viel Freundlichkeit auf einen fremden Menschen zuzugehen, und auf diese Weise wieder einen Schritt in Richtung Spontaneität gemacht.

### *Versteckte Neins ausmerzen*

Keine Angst, ich möchte Ihnen nicht grundsätzlich das Neinsagen verbieten. Wenn jemand von Ihnen verlangt, ohne Seil von einem Hochhaus zu springen, sollten Sie sogar unbedingt Nein sagen. Wenn ein Kollege ständig Aufgaben auf Sie abwälzt, also Ihre Gutmütigkeit ausnutzt, ist das auch eine Situation, in der Sie eindeutig Nein sagen sollen. Ich wünsche mir jedoch, dass Sie immer öfter überlegen, ob ein Nein wirklich nötig ist.

*Ihr Chef hat Sie zum Beispiel schon dreimal in den letzten Wochen eingeladen, nach der Arbeit einen Drink zu nehmen. Bisher haben Sie sich immer gedrückt. Wer weiß, was der von Ihnen will, und außerdem sollten Chef und Mitarbeiter nicht miteinander ausgehen, und schon gar nicht, wenn noch so viel zu tun ist. Der hat gut lachen! Beim ihm ist ja auch nichts los. Sie nehmen ihm ja die ganze Arbeit ab. Deshalb müssen Sie noch Präsentationen vorbereiten, Konzepte verfassen und eine Strategie ausarbeiten, wie Ihr Chef und Ihre Abteilung auf der nächsten Vorstandssitzung trotz sinkender Umsatzzahlen wirklich gut aussehen können. Aus einer generellen Abwehrhaltung heraus oder einfach nur aus Gewohnheit sagen Sie also wieder einmal: „Ich würde ja gerne, aber leider hab ich noch so viel zu tun."*

*Am nächsten Tag erfahren Sie, dass Ihr Chef in den Vorstand eines Konkurrenz-Unternehmens berufen wurde und seit Wochen versucht, Ihnen die freudige Nachricht zu überbringen. Er wollte Sie fragen, ob Sie Interesse an der Assistentenstelle haben. Zu höheren Bezügen natürlich. Klar, dass er das nicht in der Firma während der Arbeitszeit besprechen möchte. Leider hat er sich nun für einen anderen Assistenten entschieden, den er ebenfalls auf der Liste hatte. Sie haben Ihre Chance verspielt, weil Sie auf den inneren Zensor gehört haben, gewohnte Wege eingeschlagen haben und mit „Ja, aber ...“ auch noch eine Mauer zwischen sich und Ihren Chef gebaut haben.*

Wer „Ja, aber ...“ sagt, der meint nämlich ganz eindeutig „Nein“. Der einzige Unterschied besteht darin, dass wir mit „Ja, aber“ nur sehr halbherzig an eine Situation herangehen. Dahinter steckt ein Mensch, der sich nicht traut, Nein zu sagen, oder Angst davor hat, sich auf eine neue Situation einzulassen. Wie also können wir diese versteckten Neins ausmerzen?

**1. Das Ja-aber-Schweinchen**:

Achten Sie einmal darauf, wie oft Sie „Ja, aber ...“ oder andere Ja-Vermeidungsfloskeln benutzen. Kontrollieren lässt sich das, wenn Sie zum Beispiel ein Sparschwein aufstellen, in das Sie jedes Mal zwei Euro werfen, wenn Sie „Ja, aber ...“, „Klar, wenn ...“ oder „eigentlich“ sagen. So gewinnen Sie gleich zweimal: Zum einen achten Sie mehr darauf, was Sie tatsächlich sagen, und können dadurch Stück für Stück versteckte Neins ausmerzen. Zum anderen können Sie sich bald eine schöne Urlaubsreise gönnen, weil die Ja-Vermeider sich ziemlich stark in unserer Sprache manifestiert haben.

**2. Die Assoziations-Abschreckung:**
Stellen Sie sich immer wieder Situationen vor, die Ihnen wirklich wichtig sind. Sie haben zum Beispiel gerade beschlossen, sich selbstständig zu machen, und nicht nur eine tolle Idee parat, sondern auch gleich noch die Finanzierung zugesagt bekommen. Abends kommen Sie mit einer Flasche Champagner in der Hand nach Hause und erzählen Ihrem Partner freudestrahlend vom Erfolg des Tages. Anstatt sich mit Ihnen zu freuen, fragt der: „Ja, aber hast du denn auch alle Risiken bedacht?" Übertragen Sie das Gefühl, das Sie jetzt haben, auf Situationen, in denen Sie versucht sind, „Ja, aber ..." zu sagen. Ich bin sicher, dass es Ihnen dann im Hals stecken bleibt und Sie doch lieber Ja sagen, um Ihrem Gegenüber mit seinem Anliegen eine echte Chance zu geben.

**3. Das Vorher-Durchspielen**:
Stichwort Urlaubsplanung. Die Auswahl des Ortes, an dem man die schönste Zeit des Jahres verbringen möchte, ist bei Freunden und Paaren oft eine Herausforderung. Sie möchten zum dritten Mal in Folge nach Mallorca. Da wissen Sie genau, was Sie erwartet, wo Sie ein romantisches Dinner genießen können ... Ihre bessere Hälfte hat sich für dieses Jahr allerdings ein schwedisches Blockhaus an der Ostsee ausgesucht. Bevor Sie sich innerlich sperren und auf Ihrem Standpunkt beharren, spielen Sie doch einmal im Kopf durch, welche besonderen Erlebnisse in Schweden möglich sind und welche wunderbaren Erinnerungen Sie nach Hause

mitbringen könnten. Am besten lesen Sie ein paar schöne Urlaubsberichte im Netz oder kaufen sich einen guten Reiseführer, den Sie gemeinsam mit Ihrer Reisebegleitung durchblättern. Geben Sie der Idee auf jeden Fall eine Chance. Sie können nur gewinnen. Entweder Ihre Reisebegleitung ist so überrascht, dass sie gar nicht um ihren Urlaubswunsch kämpfen muss, dass sie Ihnen zuliebe nun doch gerne nach Mallorca fliegt, oder Sie erleben schon im Vorfeld eine gemeinsame Fantasiereise, die sich auf jeden Fall gelohnt hat, und entscheiden sich, das neue Reiseziel auszuprobieren. Wenn es dann in der Realität nicht ganz so toll wird, wissen Sie zumindest, dass Sie im nächsten Jahr gute Argumente für den nächsten Aufenthalt auf der Insel haben.

**4. Der Nein-Name:**
Wussten Sie, dass Sie bereits mit der Art und Weise, wie Sie Ihren Namen aussprechen, Ja oder Nein sagen können? Achten Sie einmal am Telefon darauf, wie Sie Ihren Namen in den Hörer sprechen. Falls Sie Ihre aktuelle Laune mit in die Stimme legen, auch wenn sie unterirdisch ist, kann das für Ihr Gegenüber bereits heißen: „Geh mir nicht auf die Nerven, ich habe sowieso keine Zeit für dich." Trainieren Sie sich also besser darauf, sich mit einem Lächeln auf den Lippen und freundlich zu melden. Damit suggerieren Sie zunächst einmal Offenheit und die Botschaft: „Ja, ich möchte sehr gerne mit dir sprechen!"

**5. Die Reflex-Vermeidung:**
Sehr häufig benutzen wir ein Nein reflexartig. Beispielsweise hauen wir es wie aus der Pistole geschossen einfach raus, wenn wir von jemandem gefragt werden, den wir gar nicht mögen oder der uns gerade verärgert hat. Kollege, Schwiegermutter, Partner ... Machen Sie sich bewusst, dass Sie sich damit eventuell die Chance auf wunderbare Momente und Erfahrungen verbauen. Jedes Mal, wenn Sie von nun an sofort ein Nein auf den Lippen haben, halten Sie kurz inne und denken darüber nach, welche positiven Konsequenzen ein Ja an dieser Stelle für Sie haben könnte. Ein paar Sekunden reichen bereits, um auf Dauer die Reflex-Neins auszumerzen.

30 *Seit unserer Kindheit wurden wir darauf getrimmt, reflexartig Nein zu sagen. Ja zu sagen ist mit einem Sprung ins Ungewisse gleichzusetzen. Wer jedoch etwas verändern möchte und neugierig ist, der gewinnt mit einem Ja viele tolle Erfahrungen. Ein Ja ist also die Voraussetzung für Spontaneität, ein Nein ihr Todesurteil.*

## 3.2 Die Yes-Company

Haben Sie sich schon einmal Gedanken darüber gemacht, bei welchen Unternehmen Sie am liebsten Kunde sind? Bei mir und vielen Menschen in meinem Umfeld sind das Firmen, die Kunden freundlich und wertschätzend willkommen heißen. Geht es Ihnen nicht auch so? Als Kunde fühlt man sich bei solchen Unternehmen niemals lästig oder überflüssig. Die Mitarbeiter empfangen einen auch nach dem Kauf eines Produktes oder einer Dienstleistung weiterhin immer mit Freundlichkeit, Offenheit und Servicebereitschaft.

Eine Yes-Company erlaubt ihren Mitarbeitern, spontan auf Anliegen von Kunden einzugehen und auch abweichend von festgelegten Prozessen und vorgefertigten Leitfäden Ja zu sagen. Der Schlüssel ist hier der Einsatz des gesunden Menschenverstandes. Das heißt, die Unternehmensführung vertraut ihren Mitarbeitern. Sowohl die Führung als auch die Kollegen tragen die Entscheidung eines Mitarbeiters mit, ohne dass dieser sich dafür rechtfertigen muss. Ja, das kann auch mal ausgenutzt werden. Trotzdem halte ich dieses Geschäftsmodell für fortschrittlich, erstrebenswert und vor allem erfolgreich. Ein Beispiel: *Wie oft hängen wir in irgendwelchen Callcenter-Hotlines fest? Meistens haben wir, bis wir mit einem Mitarbeiter sprechen können, bereits eine längere Wartezeit auf der Uhr und mussten uns durch zahlreiche maschinell gesteuerte Menüpunkte klicken oder sprechen. Ich bin sicher, Sie kennen diese Situation: Endlich haben Sie einen Menschen am anderen Ende der Leitung! Sie legen mit Ihrem Anliegen los und die Antwort kommt prompt: „Oh, das tut mir leid, dafür bin ich nicht zuständig", oder: „Das kann eigentlich gar nicht sein." Manchmal bekommen Sie auch ein herzliches „Das sieht unser System so gar nicht vor" oder „An uns liegt das ja wohl nicht" entgegengeschmettert. Dann bleiben Ihnen nur zwei Möglichkeiten: Sie fangen an, mit dem Mitarbeiter zu diskutieren, auch wenn keine Aussicht auf Erfolg besteht, oder Sie legen unverrichteter Dinge wieder auf.*

All den Sätzen im Beispiel ist gemein, dass sie keinerlei Lösung anbieten. Im Gegenteil: Sie verhindern sogar sofort die Möglichkeit, eine Lösung zu finden. Es tut mir leid, wenn Sie einen dieser Sätze hören, denn dann sind Sie offensichtlich bei einer No-Company gelandet. Ich bin sicher, Ihnen geht es da wie mir und Sie überlegen sich beim nächsten Mal gut, ob Sie hier noch einmal einkaufen möchten.

Zum Vergleich noch ein anderes Beispiel: *Sie kommen mit Ihrer vor einem Jahr gekauften Reisetasche in ein Lederwarengeschäft und wollen nachfragen, ob der abgerissene Tragegriff hier repariert werden kann. Eine freundliche Mitarbeiterin inspiziert die Tasche kurz, läuft ins Lager, kommt mit dem gleichen Modell zurück und drückt Ihnen eine nagelneue Tasche in die Hand. Während Sie noch völlig perplex ein „Aber ich habe die Quittung nicht dabei" vor sich hinmurmeln, lächelt sie und sagt: „Dieses Modell gibt es nur in unseren Läden und ein abgerissener Griff läuft bei uns für mindestens zwei Jahre unter Garantie." Ist doch völlig klar, dass Sie Ihre nächste Reisetasche wieder hier kaufen, nicht wahr? Höchstwahrscheinlich empfehlen Sie die Verkäuferin und den Laden an Ihre Freunde und Kollegen weiter.*

Hier sind Sie eindeutig bei einer Yes-Company gelandet. Das Unternehmen hat Sie als Kunden positiv überrascht. Und das sollte im Grunde genommen der Standard sein.

### *Ihre ganz persönliche Yes-Company*

Denken Sie mal drüber nach, wie das bei Ihnen im Unternehmen aussieht: Arbeiten Sie bei einer Yes-Company? Sagt man bei Ihnen Ja zu Herausforderungen, anstatt Zweifeln und Ängsten zu viel Raum zuzugestehen? Erlaubt Ihnen die Firmenkultur, individuell auf Kunden, Kollegen und Mitarbeiter einzugehen, und steht man hinter Ihren Entscheidungen?

Ich glaube, die meisten von uns neigen dazu, sich an Regularien und vordefinierten Prozessen in Unternehmen festzuhalten. Hier haben wir wieder die Illusion der Sicherheit. Jeder, der sich im Arbeitsalltag jedoch an standardisierten Vorgaben entlanghangeln muss, ob im Kundenkontakt oder unternehmensintern, der weiß, wie schnell man so bei der Lösungsfindung an Grenzen stößt. Wenn ein Unternehmen hier keine Flexibilität zulässt, laufen Mitarbeiter in der Praxis ziemlich schnell gegen Mauern. Wer nicht über Spielraum verfügt, dem bleibt nichts anderes übrig, als seinen Kunden immer wieder ein Nein zu servieren.

Es nützt also keinem etwas, wenn Sie starr an den Vorgaben kleben. Perfektion erreichen Sie dadurch sowieso nicht. Ihr Gegenüber will ja nicht immer exakt dasselbe von Ihnen. Um den Stein für eine Yes-Company ins Rollen zu bringen, bleibt nur die Abkehr vom Perfektionismus und die Hinwendung zur Lösungsorientierung. Sie können es wahrscheinlich trotzdem nicht allen recht machen. Auch wenn Sie Ja sagen, wird es immer Menschen geben, die damit nicht zufrieden sind. Aber Sie erlauben sich selbst Spielräume, wenden sich ab von starren Standards und hin zur Offenheit für den Moment.

**Schmittchens Five:**

- Gehen Sie als Unternehmer oder Führungskraft behutsam und Schritt für Schritt vor. Der sanfte Weg zu mehr Eigenverantwortung ist in der Regel der nachhaltigere.
- Als Mitarbeiter nutzen Sie am besten den Spielraum, über den Sie verfügen, um eine für Kunden und Unternehmen vorteilhafte Lösung zu finden.
- Reicht Ihnen der vorhandene Spielraum nicht aus, besprechen Sie zunächst Einzelfälle mit Vorgesetzten und Kollegen, um in kleinen Schritten mehr Flexibilität zu erzielen.
- Zeigen Sie deutlich, dass Sie Spielräume nicht ausnutzen, sondern verantwortungsvoll mit dem in Sie gesetzten Vertrauen umgehen.
- Sagen Sie Ja, wann immer der gesunde Menschenverstand es Ihnen erlaubt, lassen Sie sich aber nicht dazu überreden.

30 *Yes-Companies sind Firmen, in denen es Mitarbeitern erlaubt ist, Ja zu den Kunden zu sagen. Sie sind lösungsorientiert und wollen ihre Kunden langfristig mit gutem Service beglücken. Als Kunde wird man hier positiv überrascht. Das trägt zur Kundenbindung und einem guten Ruf bei.*

## 3.3 Die „Ja, und ...“-Lösung

Ja, manchmal fällt es schwer, Ja zu sagen. Wo kämen wir denn auch hin, wenn alle plötzlich nur noch Ja-Sager wären? Schließlich kann es doch nicht schaden, einfach mal ein wenig abzuwarten und sich erst später zu entscheiden. Nicht wahr? Solche Momente kennen Sie sicherlich auch. Darum geht es mir hier aber überhaupt nicht. Mir ist wichtig, chronische Neins loszuwerden und das Leben und seine stetigen Veränderungen nicht als permanente Gefahr, sondern als Abenteuer zu begreifen. Nur so sammeln wir regelmäßig neue Erfahrungen und entwickeln uns weiter. Wie sagte Apple-Gründer Steve Jobs in einer Rede vor Studenten der Stanford University so schön? „Bleibt hungrig, bleibt tollkühn.“ Diese Aufforderung hätte auch „Sagt weiterhin Ja!“ lauten können. Denn nur wer das tut, ist neugierig und visionär.

Lassen Sie uns alle zusammen Verrückte und Rebellen sein in einer Gesellschaft, die ständig nur die Kontrolle behalten möchte und die nur langsam begreift, dass es keine absolute Kontrolle gibt. Vielleicht ist es tatsächlich so, dass die Angst vor Kontrollverlust ein Überbleibsel aus der Urzeit ist. Wir kämpfen mit „Ja, aber ...“, weichen aus mit „Ja, oder ...“ und schützen uns mit einem klaren „Nein“. Dann bleibt alles wie bisher. Somit sind wir quasi schon genetisch prädestiniert, in einer Anti-Spontaneitäts-Welt zu leben. Aber genau da wollen wir ja raus!

Am besten klappt das, indem wir nach dem „Ja, und ...“-Prinzip leben. Das bedeutet, wenn etwas passiert, sagen wir Ja und lassen uns so darauf ein. Gleichzeitig gehen wir sogar noch weiter und denken größer. Das „und“ macht deutlich, wohin der Weg führt – nach vorne. Und wie geht das? Mit Übung, Übung und noch mal Übung. Auf die Schnelle lässt sich schließlich weder ein Urinstinkt ausrotten noch jahrelang antrainiertes Verhalten mal eben so umprogrammieren. Im Grunde ist das „Ja, und ...“-Prinzip die Steigerung des klassischen Ja-Sagens.

Das Ja-Sagen hatten wir ja bereits am Anfang von Abschnitt 3.1 trainiert. Zeit für die Steigerung! Anstatt für eine bestimmte Zeit auf jede Frage mit Ja zu antworten, gehen Sie sogar noch einen Schritt weiter: Sie sagen: „Ja, und ...“ Damit zeigen Sie nicht nur, dass Sie sich auf die Situation einlassen, sondern auch, dass Sie weiterdenken und eine Lösungsalternative anbieten. Sie rücken durch ein „Ja, und ...“ automatisch näher an Ihre Mitmenschen, Kollegen und Kunden heran und profitieren von all den unerwarteten – und oft sehr beglückenden – Konsequenzen, die das mit sich bringt. Wenn Sie „Ja, und ...“ sagen, können Sie aktiv etwas verändern. Das Unerwartete, vor dem Sie vor der Lektüre dieses Buches noch Angst hatten, können Sie von nun an aktiv mitgestalten. Sie geben den Respekt vor dem Status quo auf und betrachten Situationen aus einer anderen Perspektive. Wenn Sie das „Ja, und ...“-Prinzip beherrschen, haben Sie einen riesigen Schritt in Richtung

Spontaneität unternommen, und die lässt sich bekanntlich üben und verinnerlichen, aber nicht einfach einstudieren wie ein Gedicht oder eine Vokabelliste.

30

***Die Herausforderung beim Ja-Sagen ist, dass es immer mit Arbeit verbunden ist. Wir verlassen dabei unsere Komfortzone, und das kann auch mal unbequem werden. Es ist ein Schritt ins Unbekannte, bei dem es scheinbar kein Zurück mehr gibt. Wer jedoch die Angst vor dem Schritt aus der Komfortzone ablegt, dem eröffnen sich plötzlich zahlreiche neue Chancen.***
***Das „Ja, und …"-Prinzip ist Spontaneität für Fortgeschrittene. Wir lassen uns damit nicht nur auf eine Situation ein, sondern denken sie eigenständig weiter und signalisieren unserem Gesprächspartner Aktivität und Beteiligung. Wir trainieren damit unsere geistige Flexibilität und setzen klare Impulse in Richtung Selbstbestimmung.***
***Sie werden überrascht sein, wie viele Türen, die bisher fest verschlossen waren oder die Sie bisher noch nicht einmal bemerkt haben, plötzlich aufgehen. Aus den banalsten Situationen können die wunderbarsten Momente hervorgehen. Und das Schönste dabei ist, dass Sie damit nicht gerechnet haben.***

# 30 MINUTEN

# 4. Das Marlene-Dietrich-Prinzip

Man könnte sagen, die wunderbare Marlene Dietrich war eine Vorreiterin in Sachen Spontaneität. Sie handelte oft instinktiv und ließ sich immer wieder etwas einfallen, wenn sie mit Gegebenheiten nicht zufrieden war. Eine Szene aus Josef von Sternbergs Film *Marokko*, in der sie eine Frau küsste, sollte der US-Zensur zum Opfer fallen. Also ließ sie sich von der Geküssten eine Blume überreichen, die sie später an Gary Cooper übergab. So konnte sie die Zensoren davon überzeugen, dass der Kuss nicht rausgeschnitten werden durfte, weil die Blume in ihrer Hand sonst keinen Sinn mehr ergeben hätte. Sie widersetzte sich auch dem Naziregime, lehnte ein Angebot von Goebbels ab, verlegte ihren europäischen Wohnsitz von Berlin nach Paris und wurde amerikanische Staatsbürgerin. Bei einem Auftritt in Israel untersagte ihr Manager ihr, Lieder auf Deutsch zu singen, weil das damals verboten war. Selbstverständlich ignorierte sie dieses Verbot und nachdem das Publikum anfänglich geschockt war, wurde sie gefeiert.

## 4.1 Die Sache mit dem Status

Sie sehen, es gibt viele Gründe, Marlene Dietrich gleich ein ganzes Kapitel zu widmen: Sie folgte ihrem Instinkt, und sie war bereit, für ihre Überzeugungen Risiken einzugehen und die Konsequenzen zu tragen. Außerdem hatte sie ein entspanntes Verhältnis zu Fehlern. Das bewies sie mit dem Satz: „Wenn ich mein Leben noch mal leben könnte, würde ich die gleichen Fehler machen. Aber ein bisschen früher, damit ich mehr davon habe.“ Ein wunderbares Leben war das, ohne Angst vor Fehlern oder dem Verlust von Status.

Wir wissen ja bereits, dass es zu einem großen Teil die Angst vor Fehlern ist, die uns von einem Leben voller Spontaneität abhält. Eine weitere Hürde, die sich thematisch anschließt, ist der Status beziehungsweise die Angst davor, seinen hohen Status zu verlieren oder seinen Status nicht zu erhöhen, weil man Fehler macht. Lassen Sie mich den Begriff „Status“ kurz erklären: Wenn ich von Status spreche, dann geht es mir darum, welchen Stand wir innerhalb eines sozialen Gefüges innehaben. Es geht um eine bestimmte Position, um Autorität, Einfluss und Geltung. Da uns das wichtig ist, beschäftigen wir uns so oft mit der Frage, was andere über uns denken und von uns halten, dass wir uns fremdbestimmen lassen. Wir sind immer auf das bedacht, was innerhalb unserer Gesellschaft als „normal“ oder „angebracht“ gilt. Das Festhalten an Status ist ein weiterer Spontaneitätsverhinderer. Wir versuchen, an-

deren zu gefallen, anstatt unseren Instinkt einzusetzen und das zu tun, was unser Bauch sagt.
Kennen Sie die Serie *House of Cards*? Darin geht ein Abgeordneter des amerikanischen Kongresses, sensationell verkörpert von Kevin Spacey, sogar über Leichen, um seinen Status und somit seinen Einfluss zu erhöhen. Wir müssen aber gar nicht bis nach Hollywood – oder in die Zentren der Spitzenpolitik – reisen, um Statuskämpfe zu erleben. Haben Sie schon einmal als Unbeteiligter dabeigestanden, wenn zwei in der Hierarchie gleichgestellte Mitarbeiter eines Unternehmens sich mit dem Chef unterhalten? Oft beginnt sofort das „Statusgemetzel“: Beide sind ständig darum bemüht, ihr beruflich gleichgestelltes Gegenüber in Misskredit zu bringen, sein Ego zu schwächen und seine Ideen verbal zu vernichten. Beiden Mitarbeitern ist es wichtig, im Status über dem anderen zu stehen und dem Chef zu gefallen.
Was diese Kollegen nicht verstanden haben, ist, dass die Hierarchieebene in einer Firma nicht gleichbedeutend mit dem Status der Person ist. Ein Chef kann zum Beispiel im Tiefstatus gegenüber einem seiner Mitarbeiter sein, auch wenn er in der Firmenhierarchie höher steht und sich von seinem Gehalt eine Villa mit Schwimmbad, Poolboy, Tenniscourt und Gästehaus leisten kann, während sein Mitarbeiter in einer Zwei-Zimmer-Wohnung lebt.
Deshalb sagen auch Statussymbole nichts über unseren persönlichen Status aus. Na ja, vielleicht könnte man

doch etwas daraus schließen, wenn ein Mensch sich auffällig mit Statussymbolen umgibt: nämlich dass er sich eher im Tiefstatus befindet, weil er Wertgegenstände benötigt, um sich und anderen zu zeigen, dass er im Hochstatus ist. Deswegen sind es genau diese Menschen, die am meisten Angst davor haben, Fehler zu machen, weil sie glauben, das könne sie ihren Status kosten.

### *Keith Johnstones Statusmodell*

Der Regisseur und Schauspiellehrer Keith Johnstone versucht mit seinem Statusmodell, das menschliche Statusverhalten verständlich zu machen. Er hatte im Training mit Schauspielern beobachtet, dass diese beim Improvisieren häufig sehr langweilige Szenen spielten. Sie gingen nur selten so richtig aus sich heraus und wagten sich ungern auf unbekanntes Terrain, aus Angst, anderen Personen gegenüber einen bestimmten Status einzunehmen. Johnstone erklärt das in seinem Buch „Improvisation und Theater" folgendermaßen: „Im Alltagsleben stellen Menschen unbewusst immer ein Statusverhältnis her, indem jeder sich in eine bestimmte Position bringt (hoch oder tief), bis sie zu einer ‚Verständigung' kommen – wenn sie das nicht erreichen, werden sie sich nie zusammen wohlfühlen. [...] Ohne Status könnten wir im Flur nicht aneinander vorbeigehen, ohne Schläge auszutauschen. [...] Die meisten von uns sind Statusspezialisten – wir spielen besser Hochstatus oder Tiefstatus. Beides ist defensiv: Tiefstatus vermittelt die Botschaft ‚Ich bin es wert, getreten zu werden', Hochstatus vermittelt die Botschaft ‚Bleib mir vom Leibe, ich beiße!'" Johnstones Beobachtungen halfen nicht nur seinen Schauspielschülern, sondern können auch Sie dabei unterstützen, ein spontaneres Leben zu führen.

**Schmittchens Five:**

- Erkennen Sie Ihren Wohlfühlstatus. Das kann der Hoch- oder der Tiefstatus sein. Dann wissen Sie, wo Ihre Komfortzone angesiedelt ist.
- Haben Sie keine Angst davor, Ihren Wohlfühlstatus zu verlieren.
- Trauen Sie sich, Ihre Komfortzone zu verlassen, auch wenn die Gefahr besteht, einen Fehler zu begehen.
- Wenn Sie Fehler machen, kann es passieren, dass Sie in einem bestimmten Bereich kurzfristig in den Tiefstatus gelangen. Das muss Ihren gesellschaftlichen Status jedoch nicht gefährden.
- Die Angst vor Fehlern verlieren Sie, wenn Sie auf der Bühne des Lebens ständig spielerisch den Status wechseln. Schnell werden Sie bemerken, dass Ihre gesellschaftliche Position dadurch nicht gefährdet, sondern eher gestärkt wird.

*Status entsteht durch das, was wir tun, nicht* 30
*durch das, was wir sind. Unsere Handlungen zählen, nicht unsere Statussymbole. Jeder Mensch befindet sich im Umgang mit anderen in einem persönlichen Statusgefüge. Es ist die Angst, dass*

*uns dieser Status genommen wird, weil wir Fehler machen, die uns oft lähmt und davon abhält, Entscheidungen zu treffen und mehr Spontaneität zu leben.*

## 4.2 Fehler machen Spaß

Von Marlene Dietrich haben wir gelernt, dass sie gerne Fehler gemacht hat. Aber was genau ist eigentlich ein Fehler? Der Duden sagt: Ein Fehler ist etwas, was falsch ist, vom Richtigen abweicht, eine schlechte Eigenschaft oder auch eine irrtümliche Entscheidung. Oder anders ausgedrückt: Ich habe einen Plan und das Leben hat einen anderen. Ich habe mal einige andere Begriffe zusammengetragen, die meiner Einschätzung nach ebenfalls in diese Kategorie passen: Problem, Zwischenfall, Störung, falscher Job, falscher Partner, Nein-Kollege, anstrengender Chef, die verspätete Bahn, der Idiot, der mich auf der Treppe umgerannt hat, die Affäre des Partners ...

Sie sehen schon, es gibt unglaublich viele Fehler in unserer Umgebung. Irgendwer oder irgendetwas trägt immer die Schuld daran, dass eine Situation nicht so ist, wie wir sie gerne hätten. Es gibt also immer einen Grund, um sich zu ärgern. Wer seine Energie aber dafür einsetzt, sich zu beschweren und Umstände oder andere Personen ändern zu wollen, der kann nicht spontan sein und verpasst all das, was am Spontansein so viel Spaß macht.

Ich gebe zu, es ist manchmal schwer, Fehler einfach anzunehmen und positiv mit ihnen umzugehen. Um sie anzunehmen und nicht zu bekämpfen, ist es auf alle Fälle gut, sie zu kennen und einschätzen zu können.

### *Fehlerkategorie 1: Shit happens*

Hierbei handelt es sich um Fehler, für die Sie rein gar nichts können. Sie sollen eine Präsentation halten und haben die wunderbarsten Tabellen, Statistiken und Schaubilder auf Ihrem Rechner gespeichert, um Ihre Worte damit zu unterstreichen. Sie stehen vor 500 Menschen, die an Ihren Worten hängen, bis der Strom ausfällt, was Ihre ganze Vorbereitung zunichtemacht. Klarer Fall von höherer Gewalt. Shit happens.

**Wie kommen Sie da bloß raus?** Wie der Begriff „höhere Gewalt" schon sagt, hätten Sie nichts tun können, um den Fehler zu verhindern. In solchen Situationen sollten Sie besser nicht zur Salzsäule erstarren, sondern einmal kurz durchatmen, den Fehler akzeptieren und den Schritt in die Improvisation wagen. Sprechen Sie den Stromausfall am besten direkt an, lassen Sie Licht von draußen in den Raum und kündigen Sie an, dass Sie zur optischen Untermalung Ihres Vortrags das Publikum miteinbeziehen möchten. Stellen Sie zum Beispiel ein Verhältnis in einer Statistik dadurch dar, dass Sie mehrere Menschen entsprechend gruppieren. Vielleicht reicht es auch, wenn Sie die Menschen, die Ihnen zuhören, dazu auffordern, Handzeichen zu geben, aufzustehen oder irgendetwas anderes zu tun, was

Ihnen spontan einfällt. Damit schlagen Sie zwei Fliegen mit einer Klappe: Sie sind aus der kritischen Situation spielend leicht herausgekommen und Sie haben die volle Aufmerksamkeit der Leute im Raum.

### Fehlerkategorie 2: Reine Schikane

In dieser Fehlerkategorie stört ein anderer Ihre Pläne. Er zerstört zum Beispiel absichtlich die Pointe Ihres Vortrags, indem er sie vorwegnimmt. Vielleicht gähnt er auch lautstark, um Ihnen und den anderen Menschen im Raum seine Langeweile deutlich zu zeigen. Vielleicht stört Sie aber auch nur der Laubbläser, den irgendeiner Ihrer Nachbarn immer dann benutzt, wenn Sie mal in Ruhe ein Buch lesen möchten.
**Wie kommen Sie da bloß raus?** Hier hilft in der Regel nur eine freundliche Offensive. Sprechen Sie die Person, die während Ihres Vortrags gähnt, doch direkt an und fragen Sie sie, ob Sie ihr einen Kaffee bringen sollen. Oder bauen Sie das Gähnen, wenn es passt, direkt in den Vortrag mit ein.

### Fehlerkategorie 3: Ich hab's vergeigt

Sie kennen das sicherlich: Sie haben den Geburtstag Ihres Partners vergessen. Es steht im Kalender, Sie hatten sich einen Reminder gesetzt und trotzdem kommen Sie abends ohne Geschenk nach Hause. Erst der Familienkalender am Kühlschrank weist Sie ganz dezent darauf hin. Sie haben es ganz gründlich vergeigt! Anderes Beispiel: Sie haben dem Vorstand versprochen, die

Quartalszahlen bis heute aufzubereiten. Es war einfach viel los und immer kam etwas dazwischen. Als Ihr Chef mit finsterer Miene Ihr Büro betritt, wird Ihnen sofort klar: Auch das haben Sie vergeigt.

**Wie kommen Sie da bloß raus?** Das Schlimmste für Sie ist in diesen Situationen sicherlich, dass Sie sich vor sich selbst rechtfertigen müssen. Bei Ihrem Gegenüber reicht meist eine Entschuldigung. Am besten ohne Rechtfertigung. Die meisten Menschen sind nicht daran gewöhnt, dass andere ihre Fehler zugeben. Stellen Sie sich also aufrecht hin und sagen Sie: „Es tut mir leid, das habe ich vergeigt." Damit nehmen Sie Ihrem Gegenüber den Wind aus den Segeln. Dann lernen Sie daraus und machen Sie den Fehler nicht noch einmal. Ihre Enttäuschung über sich selbst werden Sie am besten los, indem Sie sich erlauben, Fehler zu machen.

### *Warum Fehler Spaß machen*

Jetzt fragen Sie sich vielleicht, was das Ganze mit Spaß zu tun hat. Eine ganze Menge! Um das zu erläutern, möchte ich Sie in Gedanken ins Kino entführen. Sie haben gerade einen tollen Film gesehen. Nun läuft der Abspann. Sie lassen noch die Schlussmusik auf sich wirken und dann kommt das, was dem Kinoabend die Sahnehaube aufsetzt: die Outtakes. Die Schauspieler präsentieren all ihre Pleiten und Pannen während der Dreharbeiten, machen sich damit nahbar, lebendig und sympathisch. Warum? Weil sie ihre Fehler annehmen und offen zeigen, ja sogar damit kokettieren. Und wir

lieben diese Szenen, weil sie echt sind und zeigen, dass auch unsere Leinwandhelden fehlbar sind.
Haben Sie nicht auch schon mal herzlich gelacht, wenn einem Nachrichtensprecher ein Fehler unterlaufen ist? Das passiert selbst diesen seriösen Journalisten hin und wieder. In der Regel übergehen sie ihre Fehler aber nicht, sondern machen sich selbst einen Spaß daraus, indem sie sie zelebrieren und noch einmal betonen. Gehen Sie mit Ihren Fehlern einfach genauso um. Das wird Ihnen das Leben um vieles erleichtern. Sie verlieren die Angst vor Fehlern, werden entspannter, kreativer und haben eine wichtige Tugend hinzugewonnen: Sie haben gelernt, über sich selbst zu lachen.

30 *Oberstes Gebot beim Fehlermachen ist, die Fehler zuzulassen. Egal ob sie selbstverschuldet sind, ob andere Ihnen Steine in den Weg gelegt haben oder ob es einfach höhere Gewalt war. In allen Fällen ist spontanes Handeln gefragt. Wer seine Fehler annimmt und sich traut, mit ihnen zu spielen, hat viel Spaß damit.*

## 4.3 Fehler machen erfolgreich

Ich werde nie verstehen, warum Fehler in unserer Gesellschaft ein so geringes Ansehen haben. Wir sollten sie ehren, denn wir lernen so viel aus allem, was wir „falsch" machen. Ich gehe sogar so weit, zu behaupten,

dass wir an unseren Fehlern wachsen und durch sie immer erfolgreicher werden. In diesem Kapitel beweise ich Ihnen, dass oft scheinbar schlimme Fehler zu den größten Erfolgen geführt haben.
Wir haben ja bereits gelernt, dass wir nie perfekt sein können und immer Fehler machen werden. Sie können sich von nun an also ganz entspannt vom Misserfolgsvermeider zum Erfolgssucher entwickeln. So jemand war zum Beispiel Alexander Fleming, der durch einen Fehler das Penizillin entdeckt und dadurch viele Menschen geheilt hat. Und können Sie sich einen Büroalltag ohne Post-its vorstellen? Der leichte, wieder abziehbare Klebstoff war in Zeiten, in denen es eigentlich darum ging, immer stärkere Klebstoffe zu entwickeln, ein Abfallprodukt, das uns nur deshalb heute das Büroleben so viel leichter macht, weil sein Erfinder Spencer Silver hartnäckig nach einem Verwendungszweck dafür suchte.

### Die Erfolgsgeschichte eines Fehlers

Eine weitere schöne Geschichte zum Umgang mit Fehlern ist mir neulich zu Ohren gekommen:
*Ein bekannter Comedian sollte auf einem Event in Norddeutschland vor rund 18 000 Menschen auftreten. Kurz zuvor war er in Südamerika und die Flugverbindungen auf seiner Rückreise waren knapp kalkuliert. Es kam, wie es kommen musste: Er hing in Südeuropa auf einem Flughafen fest, weil sein Anschlussflug schon weg war. Für ihn war das furchtbar nervig, weil er bereits zwölf Stunden Flug hinter sich hatte und nun noch stundenlang auf ei-*

*nem Flughafen Zeit totschlagen musste. Sein Team hatte ihn bereits vor der Reise gewarnt, dass jede kleine Abweichung im Flugplan bedeuten würde, dass er seinen wichtigen Auftritt verpasste. Er war das Risiko trotzdem eingegangen, weil er dachte, dass alles gut gehen würde. Jetzt hätte er sich seinem Schicksal ergeben und den Auftritt einfach absagen können, zum Beispiel aus gesundheitlichen Gründen. Eine Ausrede wäre ihm sicher eingefallen, er hätte seinen Fehler nie zugeben müssen.*

*Der Comedian tat jedoch genau das Gegenteil: Er wusste, dass er es verbockt hatte, und griff sofort zum Telefon, um seinen Fehler zu gestehen, sich bei seinem Team zu entschuldigen und es zu bitten, ihm bei der Lösung des Problems zu helfen. Die Airline wies er an, ihn auf die schnellstmögliche Flugverbindung in Richtung Auftrittsort umzubuchen. Außerdem rief er den Veranstalter an und erklärte ihm nicht nur, was passiert war, sondern bat auch um Hilfe beim Ausbügeln seines Fehlers. Während er dann in der Luft war, organisierte sein Team den Weitertransport und der Veranstalter sprach mit zahlreichen anderen Künstlern, erklärte ihnen die Situation und bat sie, früher auf die Bühne zu gehen, damit der Comedian doch noch auftreten konnte.*

*Glücklicherweise ging auf dem Rest der Reise nichts mehr schief und der Comedian betrat rund zwei Stunden später als geplant die Bühne mit den Worten: „Ich hatte mit Sicherheit die weiteste Anreise von allen hier." Er erzählte erst einmal, wie er's vergeigt hatte. Die Lacher des Publikums hatte er auf seiner Seite.*

Sein Auftritt war ein voller Erfolg. Warum? Weil er in einer ausweglos scheinenden Situation nicht in Schockstarre verfallen war, sondern seinen Fehler angenommen hatte, ihn auch anderen gegenüber zugegeben und ihn sogar vor Tausenden von Menschen auf einer Bühne zelebriert hatte. Ich bin mir außerdem sehr sicher, dass er aus dieser Situation gelernt hat und das nächste Mal vor einem wichtigen Auftritt lieber einen Tag früher aus dem Ausland anreist. Er hat aber auf jeden Fall das Bestmögliche aus seiner Lage gemacht.

***Da wir sowieso niemals perfekt planen können, müssen wir Unvollkommenheit akzeptieren. Das geht am besten, wenn wir mit Fehlern nicht auf Kriegsfuß stehen, sondern sie als Ausgangspunkte für neue, originelle Wege sehen.*** **30**

***Je entspannter wir mit Fehlern umgehen, desto besser leben wir mit ihnen und desto mehr Nutzen können wir aus ihnen ziehen. Wer sich Fehler eingesteht, sie annimmt und spontan und kreativ reagiert, hat die Chance, eine misslich scheinende Lage in etwas Besonderes zu verwandeln.***

***Fehler haben in unserer Gesellschaft einen viel zu schlechten Ruf, dabei sind sie doch eigentlich die besten Lehrmeister fürs Leben. Sie machen kreativ und spornen zu Höchstleistungen an, was wiederum nicht selten zu großem Erfolg führt. Verändern wir unsere Haltung zu Fehlern, verändert sich unsere Haltung zum Leben!***

# 30 MINUTEN

# 5. Das Offenheit-leben-Prinzip

Wenn Sie bis hierhin gelesen haben, dann haben Sie ganz eindeutig Ja gesagt zu mehr Spontaneität und Abenteuer in Ihrem Leben. Sie haben beschlossen, sich von nun an von Fehlern, Störungen oder auch einfach nur Veränderungen nicht mehr einschüchtern lassen. Ziel dieses letzten Kapitels ist es, dass Sie lernen, im Moment zu bleiben. Das heißt, Sie lernen, mit dem zu arbeiten, was da ist, ohne auf das zu schauen, was Sie eigentlich gerne hätten. Das ist übrigens auch eine Technik aus dem Improvisationstheater. Da müssen die Schauspieler mit dem arbeiten, was ihnen angeboten wird, und das Beste daraus machen. Die Schwierigkeit besteht darin, zu agieren, ohne zu wissen, was passieren wird. Die Schauspieler sagen Ja zum Moment, nehmen ihn damit an und hadern nicht mit der Situation. Jetzt müssen auch Sie spontan sein, Sätze wie „Das machen wir doch immer so“ oder „Diesen Weg bin ich noch nie gegangen“ über Bord werfen und neue Wege beschreiten. Wenn Sie offen für neue Erfahrungen sind, können Sie jede Menge erleben.

## 5.1 Ungeplant, aber nicht planlos

Der Volksmund sagt: „Wenn du spontan bist, dann bist du nicht vorbereitet." Ich sage: Das ist ein Vorurteil, das sich bei genauerer Betrachtung nicht halten lässt. Denn Spontaneität gelingt uns nur dann gut, wenn wir uns mit dem jeweiligen Thema auskennen. Wenn Sie zum Beispiel jemand darum bittet, eine Geschichte, die Sie selbst erlebt haben, zu erzählen, dann wird Ihnen das sicherlich nicht schwerfallen. Ebenso verhält es sich, wenn Sie Experte für die Irrungen und Wirrungen des amerikanischen Bürgerkriegs sind und spontan etwas darüber berichten sollen. Man könnte Sie nachts aufwecken und Sie könnten jede Frage dazu beantworten. Wenn Sie jetzt spontan einen Vortrag darüber halten und improvisieren, heißt das auf keinen Fall, dass Sie nicht vorbereitet sind. Sie kennen sich einfach nur gut aus und können sich das Improvisieren leisten.

Ich hoffe, Sie haben schon lange nicht mehr den Eindruck, dass spontane Menschen komplett planlos durchs Leben gehen. Falls doch, kann ich Ihnen diese Angst nehmen. Wir sind zu sehr an Verpflichtungen und gesellschaftliche Regeln gebunden, die wir verinnerlicht haben, um vollständig ohne Plan dazustehen. Die große Kunst ist es jedoch, die Balance zwischen dem eigenen „Masterplan" – den gesammelten und wohldurchdachten Zielen, Wünschen und Gewohnheiten – und der Fähigkeit, den Augenblick zu leben, zu finden.

Vielleicht lautet Ihr Masterplan: „Ich möchte für mindestens sechs Monate im Ausland leben, endlich besser Englisch sprechen können und ein Buch schreiben." Gemeinsam mit Ihrem Partner haben Sie sich also entschieden, ein halbes Jahr in New York zu leben, während dieser Zeit einen Englischkurs zu belegen und einen Reiseführer für Yogis zu schreiben. Ein toller Plan, finde ich.
Wenn Sie nicht gerade Millionen auf dem Konto haben und so viel Freizeit, dass Sie nicht wissen, was Sie damit anfangen sollen, dann müssen Sie so einen Auslandsaufenthalt gut planen. Die eigene Wohnung muss untervermietet oder gekündigt werden, Sie müssen sich um ein Visum kümmern, brauchen vor Ort eine Wohnung, einen Englischkurs und auch genügend Geld, um nicht von Wasser und Brot leben zu müssen. Gehen wir davon aus, dass Sie alles so weit im Griff haben, sich wie wahnsinnig auf die Reise freuen, und plötzlich passiert es:

- Ihr Partner hält den Plan doch nicht für genial, hat sich umentschieden und möchte lieber zu Hause bleiben.
- Sie bekommen kein Visum und dürfen deswegen maximal drei Monate in den USA bleiben.
- Ihre Krankenversicherung eröffnet Ihnen, dass Sie eine Zusatzversicherung für viel Geld abschließen müssen.
- Die Mieter für Ihre Wohnung in Deutschland springen kurzfristig ab.

### *Zeit für eine Planänderung*

Es gibt noch viele weitere Hindernisse, die sich Ihnen in den Weg stellen können. Wenn so etwas passiert, ist das eindeutig der richtige Zeitpunkt, um im Moment zu sein und zu prüfen, welche Möglichkeiten Sie unter den neuen Umständen noch haben, sich Ihren Traum zu erfüllen. Wichtig ist nun, dass Sie sich nicht an den ursprünglichen Plan klammern, sondern die Planschritte ändern, wo es nötig ist.

- Ihr Partner möchte nicht mit? Freuen Sie sich auf das Abenteuer, mal ganz allein in einer fremden Stadt klarzukommen. Sie werden schnell nette Menschen treffen. Lange werden Sie nicht alleine bleiben.
- Sie können keine sechs Monate bleiben? Dann bleiben Sie eben nur drei Monate und betrachten Sie diese Zeit als Versuchsprojekt, um zu testen, wie gut es Ihnen in den USA überhaupt gefällt. Läuft alles spitzenmäßig, reisen Sie eben ein paar Monate später noch einmal in den Big Apple.
- Ihre Krankenversicherung spielt nicht mit? Sie recherchieren ein wenig und stellen fest, dass Sie Ihre Kreditkarte gegen eine Travel-Kreditkarte tauschen können, die eine Auslandsreiseversicherung für drei Monate beinhaltet.
- Ihr Reisebudget ist erheblich geschrumpft, weil Ihre Wohnung nun nicht vermietet ist? Sie finden über Social-Media-Kanäle einen Mitbewohner für die teure Wohnung, die Sie in New York bereits gemietet haben. Das gleicht den Verlust wieder aus und Sie

haben dadurch auch direkt Anschluss in der fremden Stadt.

Alle weiteren Hindernisse machen Ihnen keine Angst mehr. Sie sind einfach zu spontan, um sich davon einschüchtern zu lassen. Es gelingt Ihnen, für alles eine kreative Lösung zu finden.

*Eigene Pläne loszulassen ist für viele Menschen die größte Herausforderung auf dem Weg in ein spontanes Leben. Wer das schafft, handelt zwar oft ungeplant, lebt aber trotzdem nicht planlos. Es kommt nur darauf an, ein Gleichgewicht zwischen den eigenen Plänen und spontanen Handlungen herzustellen, mit dem man sich persönlich wohlfühlt.* 30

## 5.2 Weg mit dem (Zeit-)Druck

Kennen Sie diese wunderbare Frage in Bewerbungsgesprächen: „Wo sehen Sie sich in fünf Jahren?" Wie ich diese Frage verabscheue! Woher soll ich denn wissen, was mir in dieser langen Zeit alles passieren wird, welche Veränderungen es geben wird, wie es mir in fünf Jahren gehen wird ...? Wenn Sie aber im Bewerbungsgespräch auf diese Frage antworten: „Keine Ahnung, bis dahin fließt noch viel Wasser den Fluss hinunter", könnte das womöglich schon das Aus für die neue Stel-

le und Ihre Karriere in dieser Firma bedeuten, weil man Sie als plan- und ziellos einstuft.
Bedauern Sie das nicht länger als ein paar Sekunden! Vielleicht treten Sie aus der Tür des Bürogebäudes, gehen einen Kaffee trinken, kommen ins Gespräch mit einem Headhunter, der Ihnen erklärt, dass Spontaneität bei vielen seiner Kunden sehr geschätzt wird und dass er gerade erst eine Stellenbeschreibung erhalten hat, für die Sie die perfekte Besetzung wären. Alles ist möglich, solange Sie es in Betracht ziehen und sich trauen, neue Wege zu gehen.

### Alles ist okay

*Sie haben eine verrückte Idee: Sie möchten in den nächsten fünf Jahren gerne eine eigene Firma für hautfreundliche, aber reißfeste Einweghandschuhe aus Papier eröffnen. Das erzählen Sie Ihren Freunden beim nächsten Treffen. Wenn Sie Pech haben, werden Sie von nun an regelmäßig gefragt, wie weit Ihre Pläne gediehen sind und ob Sie sich bereits in der Umsetzungsphase befinden. Wenn Sie es in fünf Jahren nicht geschafft haben und immer noch in Ihrem bisherigen Job hängen, bekommen Sie bestimmt Kommentare wie „Das konnte ja nichts werden", „Das war wieder eine deiner Schnapsideen" oder „Da hast du dir deine Ziele wohl etwas zu hoch gesteckt" zu hören.*
*Die Gesellschaft hat Ihnen fünf Jahre Zeit gegeben, um dieses Ziel zu erreichen. Sollen Sie jetzt vielleicht Ihre Idee aufgeben, weil Sie es nicht in der vorgegebenen Zeit*

*geschafft haben? Natürlich nicht. Mag sein, dass Sie den Aufwand unterschätzt haben, mag sein, dass fünf Jahre von vorneherein utopisch kalkuliert waren, oder vielleicht sind Sie auch tatsächlich nur ein Träumer, der dieses gesetzte Ziel nicht erreichen konnte. Na und? Das ist alles okay.*

Lassen Sie sich von nichts und niemandem unter Druck setzen und gehen Sie weiterhin den Weg, den Sie sich ausgesucht haben, auch wenn der ein wenig steiniger ist als erwartet. Schlagen Sie wenn nötig spontan eine andere Richtung ein. Vielleicht schaffen Sie es in zehn Jahren, Ihr Ziel zu erreichen. Vielleicht haben Sie Ihre Ziele aber auch schon nach vier Wochen wieder anders definiert. Es spricht nichts dagegen.

**30**

*Druck ist das, was wir uns selbst machen, wenn wir andere Menschen, die Gesellschaft oder Regeln über uns bestimmen lassen. Spontaneität bedarf immer auch einer gewissen Selbstbestimmung. Lassen Sie nicht zu, dass andere Ihnen sagen, wann was wie in Ihrem Leben geschehen muss.*

## 5.3 Loslassen und umdenken

Sie hatten sicherlich schon einmal Liebeskummer. Können Sie sich noch daran erinnern? Dieses schmerzhafte, lähmende Gefühl, das es Ihnen unmöglich macht, klar

zu denken oder zu handeln. Sie schlafen nicht mehr oder zu viel. Sie essen nicht mehr oder zu viel. Und das Schlimmste ist, dass Sie die Tatsache akzeptieren müssen, dass Sie nichts, aber auch gar nichts tun können, um den geliebten Menschen umzustimmen.
Im Moment führe ich viele Gespräche mit einem langjährigen Freund, der von seiner Partnerin für sein Empfinden „aus heiterem Himmel" verlassen wurde. Dass sie aus ihrer Sicht gute Gründe dafür hatte und schon lange mit dem Gedanken gespielt hatte, ist sehr wahrscheinlich. Er stand jedoch von jetzt auf gleich vor verschiedenen Herausforderungen, die er in der Masse kaum bewältigen konnte:

- Sie hatten zusammen ein Haus gebaut, in das er viel Zeit und Energie gesteckt hatte. Darunter hatte seine selbstständige Arbeit gelitten, weshalb er nun Geldsorgen hatte und deutlich weniger Kunden als in den Jahren davor.
- Er hatte von heute auf morgen kein Dach mehr über dem Kopf.
- Seine Partnerin war zugleich seine beste Freundin – und die hatte er verloren.
- Er hatte keine Ahnung, was er tun sollte, weil er niemals mit so einer Situation gerechnet hatte.

Die Trennung von der Partnerin ist an sich ja schon eine traurige Geschichte. Gleichzeitig aber auch noch Heim und Zukunftsperspektive zu verlieren, kann einen schon überfordern. Und haben Sie schon einmal versucht, auf die Schnelle ohne regelmäßiges Einkommen eine Wohnung zu finden? Ich versichere Ihnen, das ist keine leichte Aufgabe. Zunächst kreisten die Gedanken meines Freundes darum, andere für seine Lage verantwortlich zu machen. Dieses Verhalten wurde noch verstärkt, als er herausfand, dass seine Exfreundin bereits eine neue Beziehung eingegangen war. Er weigerte sich, aus ihrem Haus auszuziehen, fuhr ihr hinterher, wenn sie eine Verabredung hatte, und machte ihr einen Heiratsantrag, den sie natürlich ablehnte.

Es dauerte Monate, bis er akzeptierte, dass er seinen Lebensplan loslassen musste, um nicht unterzugehen. Er ließ los und übernahm die Verantwortung für sein Leben. Plötzlich ging alles rasend schnell. Innerhalb einer Woche hatte er für den Übergang ein Zimmer in einer WG gefunden. In derselben Woche rief er alle seine ehemaligen Kunden an und bekam so viele neue Aufträge, dass er sogar einige davon wieder absagen musste. Er ging regelmäßig aus und lernte völlig unabhängig von dem gemeinsamen Freundeskreis mit seiner Exfreundin zahlreiche neue Freunde kennen. Innerhalb weniger Wochen hatte er wieder ein Leben. Es ist nicht mehr so wie ursprünglich geplant, aber es gefällt ihm ziemlich gut.

***Wer Offenheit leben möchte, sollte vor allem eins sein: aufmerksam im Hier und Jetzt. Um in Situationen spontan agieren zu können, müssen wir nämlich mit dem arbeiten, was in diesem Moment*** 30

***vorhanden ist. Wer im Moment lebt, schafft es in der Regel besser, spontan zu reagieren, was auch den Umgang mit unerwarteten Herausforderungen und Hindernissen erleichtert.***

***Spontaneität bedeutet aber auch, dass man in Situationen, die sich nicht ändern lassen, den ursprünglichen Plan loslässt und anfängt, umzudenken. Wer an Plänen, Dingen und Gegebenheiten festhält, die bereits verloren sind, tritt auf der Stelle. Auch wenn es schwerfällt, müssen wir mit der Situation arbeiten, wie sie ist, um neue Wege zu gehen.***

# Schmittchens Five – Übungen für mehr Spontaneität

Da wir häufig lauter Pläne im Kopf haben und an Routinen festhalten, ist es manchmal nicht ganz leicht, das zu sehen, was uns eine Situation bereits alles an die Hand gibt. Es lässt sich jedoch mit einfachen Übungen trainieren, die auch noch viel Spaß machen. Viel Zeit brauchen Sie dafür nicht. Meist reichen rund 60 Sekunden, um zu erfassen, was in diesem Moment zu tun ist. Wenn Sie es regelmäßig üben, geht es wahrscheinlich schon bald viel schneller.

### *1. Die Entdeckertour*

Versuchen Sie, auf den Wegen, die Sie regelmäßig gehen, immer wieder etwas Neues zu entdecken. Sie werden ganz erstaunt sein, was es da noch alles zu entdecken gibt. Vielleicht ist ein Schaufenster neu dekoriert, vielleicht haben Sie den Rosenstock mit den wunderbar duftenden Blüten noch nie bemerkt, vielleicht fällt Ihnen eine Euromünze auf, die jemand verloren hat. Es kann wirklich alles sein. Je häufiger Sie eine Strecke gehen, desto schwieriger wird es, neue Details zu bemerken. Geben Sie nicht auf, gehen Sie immer weiter auf Entdeckertour.

**Warum?** Es ist gar nicht so leicht, immer im Moment zu sein. Ganz besonders dann nicht, wenn wir Dinge schon oft gemacht haben. Wir verfallen in Automatismen und laufen wie auf Autopilot. Diese Übung trainiert unser Hirn aktiv, im Moment zu sein und neue Dinge wahrzunehmen. Ihre Wahrnehmung wird Stück für Stück erweitert, damit Sie in unerwarteten Situationen all das, was da ist, bemerken und nutzen können.

### *2. Schmeißen Sie Ihre eigenen Pläne um!*

Nehmen Sie sich eine Stunde Zeit und machen Sie genau das *nicht*, was Sie ursprünglich für diesen Zeitraum geplant hatten. Das gilt ganz besonders dann, wenn Sie etwas scheinbar Wichtiges erledigen müssen: Tun Sie es nicht. Backen Sie lieber einen Kuchen, rufen Sie Ihre Mutter an, mit der Sie schon länger nicht mehr gesprochen haben, oder gehen Sie einfach ein Eis essen. Wir reden hier schließlich nur von einer Stunde Ihrer wertvollen Zeit.

**Warum?** Durch diese Übung lernen Sie, sich damit abzufinden, dass sich so manches, was geplant war, einfach nicht umsetzen lässt. Die Erfahrung, einen Plan selbst umzuwerfen, hilft Ihnen dabei, auch in Situationen, in denen Sie gezwungen sind, spontan zu sein, Ihren Plan zu vergessen, locker zu bleiben und Raum für kreative Ideen zu schaffen.

### *3. Assoziationsalarm*

Unser Leben ist voller Pläne: Während wir den einen gerade umsetzen, denken wir schon über den nächsten nach. Das macht uns unaufmerksam für unsere Umgebung und somit unflexibel. Versuchen Sie, wann immer

Sie es schaffen, wenn möglich in jedem Moment, Ihre Liebe zum Detail zu entdecken. Verknüpfen Sie spontane Gedanken mit spontanen Ereignissen und komponieren Sie so eine ganz eigene Sinfonie für Ihr Leben.
**Warum?** Weil das Leben, das Universum oder wer auch immer oft einen anderen Plan hat als Sie. Diese Übung hilft Ihnen dabei, im Moment zu sein und Chancen, die sich bieten, wahrzunehmen.

### *4. Biografien für Passanten*

Setzen Sie sich doch einmal gemütlich auf die Terrasse eines Cafés, auf eine Parkbank, an den Rand eines Brunnens oder an einen ähnlichen Ort. Beobachten Sie die Menschen um sich herum und picken Sie sich einen heraus, der gerade vorbeikommt. Erfinden Sie jetzt eine Kurzbiografie für diese Person. Fragen Sie sich, wie sie heißt, woher sie kommt, wohin sie will, was für einen Job sie hat und was ihr dunkles Geheimnis ist. Stecken Sie sie ruhig in eine Schublade – sie weiß es ja nicht.
**Warum?** Diese Übung macht nicht nur Spaß, sondern schult auch Ihr Auge, das heißt die Fähigkeit, genau hinzuschauen. Sie benutzen alle Informationen, die Sie in genau diesem Moment zur Verfügung haben, und regen Ihre Fantasie an.

### *5. Ideen in 60 Sekunden*

Nehmen Sie sich regelmäßig eine Minute Zeit und schreiben Sie in diesen 60 Sekunden alles auf, was Sie genau in diesem Moment tun könnten: etwas Leckeres kochen, Laufen gehen, mit dem Hund spielen, Haare waschen, E-Mails beantworten und vieles mehr. Schauen Sie nach einer Woche auf Ihre Liste und prüfen Sie, was davon Sie in die Realität umgesetzt haben. Einige Punkte werden wohl irrelevant geworden sein, andere aber erinnern Sie an etwas, das Sie schon lange einmal tun wollten.

**Warum?** Wir sind häufig so sehr in unseren Abläufen verhaftet, dass wir gar nicht mehr merken, welche wunderbaren Ideen in unserem Kopf schlummern. Diese Übung trainiert die Kreativität auf Knopfdruck. Sie hilft Ihnen, spontan zu sein, wenn es schnell gehen muss. Das Gehirn lernt dabei, in kurzer Zeit viele Ideen auszuwerfen.

# Fast Reader

## 1. Die Suche nach Sicherheit

*Es gibt keine Sicherheit. Selbst wenn wir noch so präzise planen und glauben, dass wir auf alles, was schieflaufen könnte, vorbereitet sind, gibt es doch immer wieder Unbekanntes und Unvorhersehbares, was uns aus der Bahn wirft. In solchen Situationen verfallen wir schnell einmal in Panik und Schockstarre. Deshalb ist es so wichtig, dass wir uns auf den Moment besinnen, um spontan agieren und reagieren zu können. Denn Spontaneität hilft uns dabei, mit Veränderungen klarzukommen und im nächsten Schritt unser Leben in allen Bereichen aktiver zu gestalten.*

***Grundlagen für ein spontaneres Leben:***

- ***Wir waren schon von Geburt an spontan und sind auch heute noch spontaner, als wir denken.***
- ***Spontaneität ist eine bewusste Entscheidung und lässt sich trainieren.***

- ***Wer spontan ist, begreift Veränderungen als Chancen und nicht als Bedrohung.***
- ***Wer Fehler zulässt, wird offener, kreativer und flexibler im Kopf.***
- ***Entscheidungen sind nicht in Stein gemeißelt. Die Konsequenzen müssen wir tragen, aber nichts ist unumstößlich.***

## 2. Die Grundregeln der Spontaneität

*Spontaneität bedeutet nicht Anarchie, sondern sollte einigen Regeln folgen. Denn wir sind nicht allein auf der Welt. Spontaneität ist immer dann sinnvoll, wenn sie uns guttut, wir eine Verbesserung unserer Situation erzielen können und anderen dadurch nicht schaden. Besonders wertvoll ist sie als Add-on für eine zuverlässige Person.*
*Wir sollten in Sachen Spontaneität auf unsere Navituition® setzen. Das bedeutet, eine gesunde Mischung aus Intuition, Bauchgefühl und Navigation zu leben. So setzen wir unser Wissen, das wir aufgrund von Erfahrungen gesammelt haben, am effektivsten ein und weisen unseren inneren Zensor in die Schranken. Wir verlassen alte Denkmuster und ordnen die Schemata in unseren Köpfen neu, um wunderbare Designs mit zahlreichen Ornamenten entstehen zu lassen, die immer weiter wachsen.*

***Erste Schritte in die Spontaneität:***

- ***Erweitern Sie Ihr Blickfeld für neue Perspektiven.***
- ***Überwinden Sie den inneren Zensor, lassen Sie alte Glaubenssätze los und freuen Sie sich auf das Abenteuer Leben.***
- ***Reißen Sie Denkmustermauern ein und bauen Sie Brücken für neue Wege.***
- ***Verinnerlichen Sie, dass Sie nicht immer spontan sein müssen, schon gar nicht um jeden Preis.***

## 3. Das Ja-sagen-Prinzip

*Das wichtigste Wort in Sachen Spontaneität ist „Ja", und zwar ohne Einschränkungen wie „aber" oder „wenn". Ich spreche von einem bedingungslosen Ja, das gerne auch ein „Ja, und" oder ein „Ja!!!" sein darf. Alle Einschränkungen sind versteckte Neins, die es auszumerzen gilt.*
*Die Herausforderung beim Ja-Sagen ist, dass es immer mit Arbeit verbunden ist. Wir verlassen dabei unsere Komfortzone, und das kann auch mal unbequem werden. Es ist ein Schritt ins Unbekannte, bei dem es scheinbar kein Zurück mehr gibt. Wer jedoch die Angst vor dem Schritt aus der Komfortzone ablegt, dem eröffnen sich plötzlich zahlreiche neue Chancen. Das gilt übrigens für jeden Einzelnen ebenso wie für ganze Firmen.*

***Warum wir immer öfter Ja sagen sollten:***

- ***Wem es gelingt, den anerzogenen Nein-Reflex zu überwinden und bedingungslos Ja zu sagen, der kann wirklich etwas bewegen.***
- ***Ja zu sagen bedeutet, eine gute Mischung aus Bauchgefühl und gesundem Menschenverstand einzusetzen.***
- ***Ja zu sagen ist für Firmen ein Mittel zur Kundenpflege und -bindung. Wer seinen Mitarbeitern erlaubt, zu Kunden Ja zu sagen, öffnet Tür und Tor für mehr Eigenverantwortlichkeit und Lösungsorientierung.***
- ***Ja zu sagen signalisiert einem Gesprächspartner Eigenständigkeit, Aktivität und Flexibilität im Kopf.***
- ***Wer Ja sagt, kann aus den banalsten Situationen ein großes Abenteuer zaubern.***

## 4. Das Marlene-Dietrich-Prinzip

*Marlene Dietrich ist eine Ikone der Spontaneität. Sie handelte oft instinktiv und wenn es nicht nach ihrem Willen ging, ließ sie sich gerne einmal spontan etwas einfallen, um sich durchzusetzen. Sie pfiff auf Vorschriften und ließ sich nicht davon abhalten, ihren eigenen Weg zu gehen.*

*Um dem Vorbild der Dietrich folgen zu können, müssen wir die Angst vor einem Statusverlust ablegen. Das hat übrigens nichts mit Statussymbolen zu tun. Der persönliche Status wird durch unsere Taten und unseren Umgang mit (vermeintlichen) Fehlern definiert. Oberstes Gebot beim Fehlermachen ist, die Fehler zuzulassen. Egal ob sie selbstverschuldet sind oder anderweitig verursacht werden, in allen Fällen sind spontanes Handeln und eine gesunde Gelassenheit gefragt. Je weniger Energie wir aufs Ärgern verwenden, desto mehr Platz bleibt für spontane, kreative Lösungen und jede Menge Spaß.*

***Warum wir uns über unsere Fehler freuen sollten:***

- ***Weil Fehler der Ausgangspunkt für originelle Wege sind.***
- ***Weil wir so aus einer misslichen Lage etwas Besonderes machen können.***
- ***Weil sie die besten Lehrmeister fürs Leben sind.***
- ***Weil sie kreativ machen und zu Höchstleistungen anspornen, was wiederum nicht selten zu großem Erfolg führt.***
- ***Weil wir unsere Haltung zum Leben verändern, wenn wir unsere Haltung zu Fehlern verändern.***

## 5. Das Offenheit-leben-Prinzip

*Um das Leben mit viel Offenheit anzugehen, müssen wir den Moment genießen und mit dem ar-*

*beiten, was da ist, ohne auf das zu schauen, was wir gerne hätten. Das ist übrigens eine Technik aus dem Improvisationstheater. Die Schauspieler müssen dafür das annehmen, was ihnen angeboten wird, und das Beste daraus machen.*

*Sowohl Schauspieler als auch Alltags-Akteure kämpfen häufig gegen die Schwierigkeit, zu agieren, ohne zu wissen, was genau passieren wird. Wer sich jedoch darauf einlässt, sagt Ja zum Moment und hadert nicht mit der Situation. Er handelt ungeplant, aber noch lange nicht planlos. Besonders offen und spontan sind wir nämlich genau dann, wenn wir uns auskennen. Also heißt es: üben, üben und nochmals üben.*

30

***Wie Sie Offenheit leben können:***

- ***Seien Sie aufmerksam im Hier und Jetzt.***
- ***Lassen Sie Ihre ursprünglichen Pläne los, wenn Sie die Situation nicht ändern können.***
- ***Handeln Sie selbstbestimmt statt fremdbestimmt.***
- ***Halten Sie das Gleichgewicht zwischen eigenen Plänen und spontanen Handlungen, mit denen Sie sich persönlich wohlfühlen.***
- ***Trauen Sie sich, neue Wege zu gehen. Dann ist alles möglich.***

# Der Autor

Ralf Schmitt arbeitet seit mehr als 15 Jahren erfolgreich als Speaker, Trainer, Impro-Comedian und Moderator. Er gilt als Experte für Spontaneität und Interaktivität, hat gemeinsam mit seinem Kollegen Torsten Voller die Methode der Navituition® entwickelt und ist Vorstandsmitglied der German Speakers Association sowie Geschäftsführer der Impulspiloten GmbH. Darüber hinaus ist er Autor der Bücher *Ich bin total spontan, wenn man mir rechtzeitig Bescheid gibt* und *Ich bin total beliebt, es weiß nur keiner.*

*Kontakt:*
***Impulspiloten GmbH***
*Büro Ralf Schmitt*
Telefon: +49 40 414 25 886
Mobil: +49 178 29 80 942
*Bogenstraße 54a*
*D – 20144 Hamburg*
*E-Mail: info@schmittralf.de*
*www.schmittralf.de, www.impulspiloten.de*

# Weiterführende Literatur


- Johnstone, K.: Improvisation und Theater, Alexander Verlag, Berlin, 2010
- Schmitt, T., Esser, M.: Statusspiele. Wie ich in jeder Situation die Oberhand behalte, Fischer Verlag, Frankfurt am Main, 9. Auflage 2010
- Vorhaus, J.: Handwerk Humor, Zweitausendundeins, Leipzig, 3. Auflage 2010
- Shurtleff, M.: Erfolgreich Vorsprechen. Alles, was ein Schauspieler wissen muss, um die Rolle zu bekommen, Alexander Verlag, Berlin, 5. Auflage 2009
- Schmitt, R., Voller, T.: Ich bin total spontan, wenn man mir rechtzeitig Bescheid gibt: Von der Kunst, aus dem Bauch heraus zu handeln, tredition GmbH, Hamburg, 2014

# Register